Mi ero seduto al computer tante volte, ma mi sembrava di girare a vuoto, di non avere la giusta ispirazione. O meglio, non trovavo una motivazione sensata per mettere sulla carta quello che mi passava per la testa e finivo per abbandonare quello che avevo scritto senza tanti rimpianti. Mi dispiaceva però, perché mi sembrava di lasciare qualcosa in sospeso, incompiuto.

Alla fine Simonetta mi ha spinto a tirare le fila di quello che ho visto e vissuto. Non un'autobiografia, un genere che proprio non fa per me, ma quello che ho capito guardando il mondo dopo tutti questi anni in giro.

Questo libro allora, a partire dalla decisione di scriverlo, lo devo a lei, alla sua capacità di interessarsi sempre alle cose importanti e, anche, alla sua tenacia che mi hanno fatto tornare la voglia di raccontare. E di raccontare soprattutto a dei ragazzi, a Leone e a Pietro, i più giovani della famiglia, che magari si stancherebbero di ascoltare i discorsi di un vecchio, ma si leggeranno ogni tanto una paginetta la sera prima di dormire.

GINO STRADA
UNA PERSONA ALLA VOLTA

A cura di Simonetta Gola

© Giangiacomo Feltrinelli Editore Milano
Prima edizione in "Serie Bianca" marzo 2022
Seconda edizione marzo 2022

QUESTO LIBRO SOSTIENE EMERGENCY.

Stampa Grafica Veneta S.p.A. di Trebaseleghe - PD

ISBN 978-88-07-17340-0

FSC
www.fsc.org
MISTO
Carta
da fonti gestite in
maniera responsabile
FSC® C021883

razzismobruttastoria.net

Una persona alla volta

1.

Un buon posto dove diventare grandi

Sono un chirurgo. Una scelta fatta tanto tempo fa, da ragazzo. Non c'erano medici in famiglia, ma quel mestiere godeva di grande considerazione in casa mia. *"Fa il dutur, l'è minga un laurà,"* diceva mia madre, *"l'è una missiùn."* Un'esagerazione? Non so, ma il senso di quella frase me lo porto ancora dentro, forse mia madre era una inconsapevole ippocratica.

Sarei stato il primo a laurearmi in famiglia, una famiglia di operai. Per undici anni avevamo condiviso l'appartamento con due zii e due cugine, Anna e Mariangela, "la Mari", che per me sono state praticamente sorelle.

La zia Gianna aveva rinunciato a una camera di casa sua per permettere a mia madre di mettere su famiglia in un periodo in cui i miei non potevano pagare l'affitto di un appartamento solo per loro. Si sposarono un 7 giugno, lo stesso giorno del mio matrimonio con Simonetta, tanti anni dopo.

Appena i miei hanno avuto qualche soldo in più, ci siamo trasferiti in due case vicinissime. Vivevamo nello stesso condominio, divisi da un pavimento e un soffitto perché la nostra ormai era di fatto una famiglia unica, che condivideva tutto non più per bisogno ma per affetto.

Vivevamo in via Lacerra, uno dei quartieri più popolari di Sesto San Giovanni. La chiamavano la "Stalingrado d'Italia": le grandi industrie, gli operai, il partito, il passato partigiano. A Sesto si faceva politica per forza. Erano gli anni dell'immediato dopoguerra, c'era in giro aria di ricostruzione, lo capivamo anche noi bambini, che oltre ai fumi delle acciaierie respiravamo etica del lavoro, responsabilità, senso di comunità.

Sesto era un buon posto dove diventare grandi. Avevo gli amici del cortile e del campetto, come tutti i bambini di allora. Una banda, con la quale siamo rimasti affiatati negli anni, dai banchi di scuola a oggi.

Eravamo sempre fuori, mia madre aveva rinunciato a essere apprensiva anche se quando ci vedeva tutti insieme urlava dalla finestra un *"Me racumandi!"* per stare più tranquilla. Mio zio Gino, invece, teneva bordone, ci copriva e ci coinvolgeva in qualsiasi attività gli venisse in mente. La pesca di frodo, ad esempio.

Mi caricava sulla canna della bici e poi andavamo al fiume. Non tornavamo mai a mani vuote, anche se lo zio Gino era sempre un po' evasivo con mia madre e con la zia sulla provenienza del pesce. Una volta che venne intercettato dalle guardie mentre tornava da una pesca di frodo, si difese così: *"Mì, pescà de sfros? Ma se g'ho gnanca la licensa!"*. Lo zio Gino è stato l'uomo più sfacciato e divertente che abbia conosciuto nella mia vita.

Mio padre era più riservato. Si dedicava al lavoro – era operaio alla Breda –, alla lettura e alla famiglia. Quando non lavorava mi costruiva giochi di legno che usavamo insieme fino a perdere il senso del tempo, ore leggere, bellissime.

È morto di leucemia in pochi mesi quando avevo vent'anni. Passai quella sera al cinema, non ricordo neanche a vedere cosa, un dolore troppo grande per affrontarlo nel viavai dei parenti e degli amici che venivano in casa per le condoglianze. In questo periodo, mi torna spesso in mente, Mario si chiamava. Mi è capitato di sognarlo o di sentirmelo accanto, una sensazione dolcissima che non ricordo di aver mai provato in sua presenza. Forse ci vuole del tempo per capire l'amore.

In famiglia erano tutti antifascisti. Avevano vissuto sulla propria pelle quel periodo e alla sera, ogni tanto, raccontavano di quando suonava la sirena e dovevano scappare al rifugio, la paura per i bambini, il lavoro in fabbrica per produrre le munizioni, le code delle tessere annonarie. Sono stati i racconti di mia madre e di mia zia a farmi conoscere quegli anni e le ragioni del loro antifascismo convinto. Ragioni molto concrete, tangibili: i fascisti ti tenevano d'occhio se la pensavi diversamente, i fascisti picchiavano, i fascisti avevano voluto la guerra.

Ho scoperto solo più tardi, quando mio zio era ormai morto, che stava con i partigiani. In tanti si davano da fare in quegli anni e anche i miei zii ospitavano qualche compagno che doveva nascondersi o che faceva tappa a Sesto nella fuga verso chissà dove, e questo lo sapevo. Ma mio zio aveva avuto un ruolo molto attivo di cui in casa non si era mai detto niente, neanche a guerra finita, neanche quando io e le sue figlie eravamo più cresciuti.

Milano era stata bombardata e a Sesto tutti convivevano con l'incertezza. Le fabbriche di armi, come la Breda, erano tutte lì e si viveva ogni giorno con la paura che la guerra provoca sempre a chi non può fare altro che cercare di nascondersi.

Una sera, mio padre mi raccontò una storia che per me è ancora *la* storia della guerra nella mia città. Il 20 ottobre 1944, un bombardiere americano scaricò ottanta tonnellate di esplosivo sul quartiere di Gorla, poco lontano da Sesto. L'obiettivo era per l'appunto la Breda, ma ci fu un errore di trascrizione o di interpretazione delle coordinate in codice e, quando il pilota si accorse di non poter riprendere la direzione giusta, aveva già tutte le bombe innescate. Invece di scaricarle nelle campagne della Bassa, decise di lanciarle lì, su un quartiere abitato. Una delle bombe colpì la scuola elementare Francesco Crispi: morirono 184 bambini, 14 insegnanti, la direttrice della scuola, 4 bidelli e un'infermiera. 614 morti in tutto il quartiere.

Anni dopo, mentre ero in Afghanistan, un mattino arrivò in ospedale un'intera classe, ventitré bambini fra i dieci e i dodici anni. Venivano da Sirobi, a un'ottantina di chilometri da Kabul. Un razzo era caduto sulla loro scuola, ma nella violenza brutale dell'esplosione erano stati più fortunati – erano feriti, ma vivi. Tutti tranne uno. "La guerra non guarda in faccia nessuno": mio padre mi parlava ancora, come quarant'anni prima.

L'importanza del lavoro, la dignità, la solidarietà verso i vicini, l'idea di far parte di una comunità e che quindi in qualche modo alla comunità si dovesse rendere conto dei propri comportamenti erano pane quotidiano a casa mia.

Per il resto, è stata un'infanzia semplice: non avevamo molto, ma quello che c'era si divideva. Ed ero libero di stare in giro tutto il giorno tra le partite di pallone e qualche scherzo al vicinato.

Avevo fatto il liceo classico per scelta, ma a scuola mi interessavano soprattutto le discipline scientifiche. La medicina è almeno in parte una scienza e mi affascinava il lavoro del medico perché ha a che fare direttamente con gli esseri umani. Scelsi la facoltà di Medicina e poi la specializzazione in Chirurgia d'urgenza con il leggendario professor Vittorio Staudacher.

"Il Professore", come lo chiamavamo – la maiuscola c'era di sicuro –, aveva fondato al Policlinico di Milano il primo reparto di Chirurgia di urgenza in Europa.

Erano anni di grande vitalità al Policlinico, con tanti medici che stavano rivedendo l'approccio ai malati per cure sempre più specializzate ed efficaci. C'erano grandi cambiamenti, penso ad esempio alla creazione della medicina di urgenza, con il professor Randazzo, o al reparto di anestesia, con il professor Damia e tutto il gruppo di colleghi che sono diventati amici: Martin, Antonio, Valter...

Voglia di fare, di sperimentare, di dare il massimo: la medicina non era ancora intrappolata tra Drg e rimborsi, i medici erano medici, talvolta scienziati, certamente non manager.

Staudacher era un grandissimo clinico. *Klínē* in greco significa "letto" e "clinica" è la capacità di visitare il malato sdraiato, a letto, di toccarlo per capire quali sono i suoi problemi ancora prima di fare esami strumentali costosi e a volte inutili. Anzi, spesso senza neanche farli.

Bastava che Staudacher guardasse un paziente, che gli appoggiasse una mano sull'addome, per fare una diagnosi a cui non aveva pensato nessuno di noi. E che ovviamente era quella giusta.

Una capacità straordinaria che cercai di apprendere da lui e che mi è tornata utilissima in molti ospedali del mondo dove spesso non c'è modo di fare indagini sofisticate, ma solo di guardare un paziente in faccia e fargli le domande giuste. Perché, anche se non ci siamo più abituati, la medicina è innanzitutto un rapporto tra un essere umano e un altro essere umano.

Erano anni caldi nelle università di tutta Italia. Mi impegnai da subito nel Movimento studentesco con gli studenti di Medicina.

Facevamo riunioni su riunioni, assemblee, passavamo nottate a scrivere "Medicina al servizio delle masse popolari", il giornale che distribuivamo in università, e centinaia di volantini per la manifestazione del sabato. Perché non c'era sabato che non fossimo in piazza, un appuntamento fisso per tutti.

C'erano diritti da difendere e da rivendicare, né l'Argentina né il Vietnam erano troppo lontani. Anzi. Era proprio il fatto che fossero lontani a spingerci a lottare: se non noi, chi lo avrebbe fatto? Avevamo una convinzione: i diritti sono di tutti per definizione.

Come potevamo rivendicare i diritti di noi studenti senza manifestare contro la guerra in Vietnam? Come potevo preoccuparmi del lavoro di un italiano e ignorare la sofferenza di un altro essere umano, anche se stava dall'altra parte del pianeta?

Quegli anni fecero sentire a me e a tanti altri che eravamo parte del mondo, una parte attiva, e potevamo cambiarlo. Sono di quel periodo gli amici più veri, che sono rimasti una specie di famiglia: Carlo, la persona più vicina all'idea di umanista che possa avere, Ennio ed Emi, non provo neanche a definirli, Antonio, allenatore della Nazionale di atletica, Rudy, giornalista, Roberto, medico, Bau, Max, Nico, architetti, designer, grafici... creativi, insomma. Quasi tutti di origini sestesi, adesso che ci penso. Sarà perché siamo cresciuti in una comunità operaia e solidale che, alla fine, della comunità abbiamo continuato a occuparci in qualche modo.

Il Professore guardava con simpatia il Movimento studentesco. Naturalmente ne era fuori: era un aristocratico, di fatto e di carattere, e le aule piene di rivendicazioni e di fumo non erano il suo ambiente. Eppure si capiva che ascoltava quello che avevamo da dire.

Venne a un'assemblea una volta, elegante come sempre nel suo dolcevita chiaro. L'Aula magna di Medicina ammutolì intimorita, me compreso, e lui si sedette in un angolo ad ascoltare fino alla fine. Gliene fui sempre riconoscente.

Non so se fu per questo impegno politico o per l'avidità con cui seguivo le sue lezioni, ma mi prese in simpatia. Mi scelse come uno dei suoi aiuti, il che significava disponibilità h24, ma anche una possibilità di imparare che non aveva uguali. Passavo in ospedale o in sala operatoria una grande quantità di ore tutti i giorni, non mi stancavo mai di vederlo al lavoro. Fremevo nell'attesa di impugnare io il bisturi.

Mi disse che gli piacevo perché non ero un leccaculo: me ne ero fatto un punto d'onore in un ambiente "molto competitivo" come quella scuola di specialità.

Piacergli non significava essere trattati con i guanti, anzi. Nei momenti più tesi del Movimento, appena mi vedeva al lavandino pronto per lavarmi, urlava: "Cane, cagnaccio! Ma perché mi fate aiutare dai terroristi?". Era un suo modo di mettermi in guardia dal non oltrepassare un certo limite. Non ci avevo mai neanche pensato, a oltrepassarlo.

La medicina mi appassionava, ma la chirurgia era quello che volevo fare davvero. Mi somigliava, dopotutto. Davanti a un problema, avevo bisogno di fare.

Era una sfida continua dal punto di vista tecnico: guardavo il Professore, imparavo procedure nuove, studiavo, studiavo, studiavo perché sentivo che la sala operatoria era il mio ambiente naturale. Io che mi annoiavo facilmente, potevo stare dodici ore di fila in camice, guanti e mascherina senza neanche accorgermene. Ero già quel che si dice "un animale chirurgico". A un certo punto, il Professore mi propose di andare negli Stati Uniti.

Iniziavo a soffrire la competizione interna e mi vedeva scalpitare per imparare qualcosa di nuovo. C'era la possibilità di andare a Pittsburgh e Stanford a studiare i trapianti di cuore, una grande occasione per imparare a fare una cosa nel posto dove si faceva meglio in assoluto.

"Non vedo l'ora," dissi. Il primo viaggio me lo regalò lui.

Già a Milano avevo iniziato a mettere il naso nel laboratorio di chirurgia sperimentale con i babbuini e i maiali, e finalmente sarei andato a studiare come si faceva nel posto che fino ad allora mi era sembrato solo un sogno lontano.

Nel frattempo avevo sposato Teresa ed era nata Cecilia, ma partii da solo. Loro rimasero in Italia e mi raggiungevano per lunghi periodi durante le vacanze, per recuperare un po' di vita insieme nei grandi parchi americani.

Le Università di Pittsburgh e Stanford erano posti fatti per studiare e lavorare.

Dentro il campus c'era tutto: alloggi, aule studio attrezzatissime, ristoranti, caffè, negozi, dall'ovvia libreria alla meno scontata ferramenta. L'idea era che tutto dovesse essere a portata di mano per non distrarre gli studenti dai loro obiettivi. Studiavo come un matto, anche perché non avevo molto in comune con i miei colleghi oltre alla medicina. Il fine settimana mi ricavavo un po' di tempo per andare in giro nella natura fantastica degli Stati Uniti.

Dopo un po' mi proposero un contratto di collaborazione stabile. Un contratto economicamente vantaggiosissimo, che in Italia mi sarei sognato anche dopo dieci anni, e avrei lavorato in uno dei primi centri trapianti al mondo. Ambiente, colleghi, attrezzature, fondi, c'erano pochi posti al mondo che avrebbero potuto competere.

Ci pensai su un paio di giorni e poi decisi: gli Stati Uniti non facevano per me. Che senso ha praticare la medicina in un Paese dove per potersi curare la gente deve tirare fuori la carta di credito? Nessuno, a meno che far soldi non sia il tuo obiettivo, e di sicuro non è mai stato il mio.

Tornai a Milano dopo quattro anni con un'esperienza sui trapianti cuore-polmone che avevamo in pochi. Con il Professore, avevamo deciso di sperimentare il primo trapianto di cuore. Anche se in Italia non c'era ancora una legge che consentiva il trapianto di cuore, la nostra équipe aveva ricevuto dal giudice il permesso di intervenire su una donna in condizioni molto critiche. L'intervento arrivò al termine, ma la donna morì dopo l'impianto. La strada da percorrere era ancora lunga, però il primo passo era fatto. Negli anni seguenti ebbi altre esperienze in giro per l'Italia e il mondo e poi per puro caso, per il desiderio di fare qualcosa di diverso, mi trovai a lavorare in un Paese in guerra.

Rileggo queste pagine e mi chiedo perché le ho scritte. Forse per far contento l'amico Carlo Feltrinelli, che voleva che scrivessi un'autobiografia, o perché queste sono le radici che mi hanno tenuto saldo ovunque sia andato nel mondo: l'antifascismo, la politica, la militanza, la passione per la medicina.

Cessate il fuoco

"Ricordatevi la vostra umanità e dimenticate tutto il resto."

Józef Rotblat

2.

La guerra com'è

Alla fine degli anni ottanta decisi di fare un'esperienza nell'ospedale di un Paese povero, in quello che allora si chiamava "Terzo mondo". Curiosità, voglia di un contesto diverso.

Presentai il mio curriculum alla Cooperazione italiana: "Grazie, dottore, però ci sono circa centoventi persone che stanno aspettando di partire," mi disse l'impiegato, indicando una pila di curriculum. "Adesso sono centoventuno," risposi, pensando che non sarei mai partito.

La telefonata, a sorpresa, arrivò due settimane dopo: "È disponibile ad andare a Quetta, in Pakistan, nell'ospedale del Comitato internazionale della Croce Rossa di Ginevra? Una missione di sei mesi, ma bisognerebbe partire tra una settimana".

In Pakistan? Che cosa stava succedendo in Pakistan? Per me era solo il Paese dell'Himalaya.

"Sì," risposi senza esitazione.

Non potevo sapere allora che quel *sì* avrebbe cambiato radicalmente la mia vita.

Quetta è la capitale del Belucistan, una regione del Nord-ovest pachistano, vicino alla frontiera con l'Afghanistan. Affollatissima, rumore e polvere, *bazaar*, cammelli, carretti, Quetta era caos, traffico e umanità. E centinaia di migliaia di rifugiati afgani, fuggiti dalla guerra.

Non avevo mai visto nulla di simile, neanche nei film. Era un altro mondo, brulicante di vita nonostante tutte le difficoltà di una città di frontiera con un Paese in guerra. Non mi sentivo a mio agio, ma neanche a disagio: ero un estraneo prestato a un pezzo di mondo diverso e sapevo che sarei potuto tornare indietro in qualsiasi momento. Il contratto era inizialmente di sei mesi, ma non tutti resistevano a quello che ora chiamiamo "shock culturale" e in caso di difficoltà il rimpatrio era sempre un'opzione.

Sapere di poter scegliere di tornare indietro era ciò che mi faceva sentire diverso da tutta quella gente che si affannava intorno a me, apparentemente senza meta.

Dieci chilometri fuori dalla città c'era l'ospedale, dove sarei andato a lavorare. *"Surgical Centre for War Wounded"*, centro chirurgico per feriti di guerra, recitava il cartello all'ingresso.

Il Pakistan era in pace, almeno formalmente. Ma l'Afghanistan no. Anche dopo il ritiro delle forze di occupazione sovietiche la guerra era continuata: con i soldi e le armi di alcuni Paesi stranieri, Stati Uniti, Pakistan e Arabia Saudita in testa, i "ribelli" *mujaheddin* combattevano le forze governative del presidente Najibullah, filosovietico.

I feriti venivano dalla regione di Kandahar, un viaggio massacrante, pericoloso, spesso ci mettevano due giorni per raggiungere Quetta. Arrivavano con ogni mezzo: carretti trasformati in ambulanze tirate da asini o cammelli, camion sgangherati, taxi gialli.

Proprio da uno di quei taxi scese una sera un vecchio afgano, davanti al pronto soccorso dell'ospedale.

Portava un *patù* marrone liso e sorreggeva un bambino pallido, il braccio destro avvolto in uno straccio intriso di sangue. Non ricordo il suo nome, avrà avuto sei, sette anni.

Mezz'ora dopo, in sala operatoria, mi apparve per la prima volta l'orrore: la mano era esplosa e al suo posto c'era una palla disgustosa e bruciacchiata fatta di muscoli e pelle, ossa e vestiti, sangue coagulato e frammenti di plastica. C'è chi la chiama "lesione a cavolfiore", il che ne descrive bene la forma ma non il contenuto: quel cavolfiore nerastro era la mano destra di un bambino di sette anni. Dovetti amputare l'arto poco sopra il polso.

Quel bambino dalla mano esplosa e lo sguardo rassegnato di suo padre mi rimasero in testa a lungo. Neanche riuscivo a immaginare che potesse succedere a Cecilia o al figlio di qualche amico, ma soprattutto non riuscivo a capire quella quieta sopportazione davanti a un macello simile.

Alcuni giorni dopo, a godersi il sole freddo all'aperto, c'era un gruppo di bambini, il più grande avrà avuto dodici anni. Indossavano tutti il pigiama azzurro dell'ospedale, accuditi dalle mamme coperte dal burqa che tenevano in braccio i più piccoli. Molti di loro avevano uno o due arti amputati fasciati dalle bende.

Scattai una fotografia con la mia Leica.

Lo avrei fatto sempre meno negli anni a seguire, fino a smettere del tutto, per non invadere troppo le sofferenze altrui o forse per salvaguardare la mia serenità. Quella foto però l'ho conservata: trent'anni dopo, ancora chiede risposte.

Una corsia pediatrica in un ospedale per feriti di guerra? Che cosa c'entrano i bambini con la guerra?

Nessun soldato, specie in una zona di guerra, raccoglierebbe da terra un oggetto di plastica verde che pare un giocattolo. Saprebbe riconoscere la mina antiuomo, saprebbe indicarne la marca, il modello e la potenza.

Un bambino, invece, può essere attratto da una specie di farfallone di dieci centimetri, e lo prende in mano, lo guarda, cerca di capire a cosa serva, lo maneggia... La farfalla non scoppia. O almeno, non subito: c'è tempo per giocarci, magari per passarla a un amico lì vicino. Spesso arrivavano in ospedale tre, quattro amici insieme, vittime tutti della stessa esplosione vigliacca.

In tanti anni di chirurgia non ho visto un solo adulto mutilato da una di quelle mine, tecnicamente PFM-1 di fabbricazione sovietica. Ho operato solo bambini e qualche ragazzino: chi ha perso una mano e chi tutte e due e chi ha perso un occhio o entrambi.

Armi per colpire bambini. Pensate, progettate, costruite per loro. Usate per loro, intenzionalmente.

Tutto ciò è disumano, mostruoso, mi dicevo, e ho cercato di non crederci.

Delle mine giocattolo mi aveva parlato poco dopo il mio arrivo Mubarak, un rifugiato afgano che era infermiere in ospedale, mentre bevevamo il tè fuori dal blocco operatorio alla fine di un intervento. Un corpo centrale dove sta il detonatore, e due ali verdi o color sabbia, per veleggiare meglio una volta lanciate dagli elicotteri e così sparpagliarsi su un territorio più ampio. "Mine sovietiche, piccole, non uccidono, servono solo a mutilare."

L'Unione Sovietica che produce e usa armi fatte apposta per mutilare i bambini? Non è possibile, avevo pensato, sarà la solita propaganda filoamericana.

Poi me ne portarono una in ospedale. Era stata raccolta con cura e aperta per togliere l'esplosivo, sembrava proprio un giocattolo, o comunque qualcosa con cui giocare. Così quel bambino divenne per me il vero volto della guerra, il volto di una delle sue tante vittime. Volute, cercate e selezionate.

Dunque era vero, nessuna propaganda. Nella coscienza di chi decide una guerra, e anche di chi la pratica, c'è spazio anche per la mutilazione dei bambini "nemici". Ma non c'erano solo i pappagalli verdi per bambini curiosi, molte altre mine al di là del confine facevano carneficina di esseri umani: mine fabbricate in Cina, in Russia, negli Stati Uniti, in Italia. Noi a Quetta curavamo i disastri di tutte.

3.

Le vite degli altri

Avevo frequentato una delle scuole di specialità più autorevoli d'Italia e avevo studiato i trapianti cuore-polmone in due delle migliori università al mondo. Esperienze importanti, tecnicamente solide, ma niente che mi avesse preparato davvero a ritrovarmi in un ospedale per feriti di guerra dall'altra parte del mondo.

Per molti mesi avevo operato pazienti colpiti da proiettili e schegge di bomba, dilaniati dalle mine antiuomo, senza avere il tempo o la capacità di pensare.

Ero preso dal lavoro e insieme stordito. Pur avendo lavorato per anni nella chirurgia d'urgenza, non avevo mai visto ferite così orribili, devastanti. La quantità di violenza a cui ero esposto era difficile da digerire, a volte ho pensato di non farcela: ricordo un ragazzo sul tavolo operatorio, avrà avuto quattordici anni, era talmente massacrato che ebbi un cedimento, un rifiuto totale di quello che vedevo. Dovetti prendere tempo prima di riuscire a impugnare il bisturi.

Porto ancora con me gli odori di quegli esseri umani a volte irriconoscibili e il bisogno di girarmi dall'altra parte per non vomitare. I feriti erano tantissimi, passavo ore in sala operatoria, a volte giorni. In una delle fasi peggiori della guerra, trascorsi in ospedale nove giorni di fila, lavando le mutande nel lavandino dello spogliatoio quando c'era tempo per poi reindossarle bagnate. Tanto faceva caldo.

Il lavoro mi interessava moltissimo, facevamo la grande chirurgia dell'addome, la chirurgia toracica. Mi piaceva imparare e questa era una chirurgia nuova, imprevedibile, che ogni giorno mi metteva davanti problemi tecnici diversi e mi obbligava a improvvisare soluzioni, a combinare le conoscenze mediche con la fantasia e il buon senso. Un lavoro gratificante, che aveva dentro il piacere della sfida, forse dell'avventura. Ero a volte perfino orgoglioso dei risultati clinici perché riuscivamo a salvare molte vite e a rattopparne altre, con mezzi limitati e in un contesto difficile. Non avevo scelto quel lavoro perché mosso irresistibilmente dal bisogno di salvare vite umane: mi ci ero semplicemente trovato e avevo scoperto quanto mi piacesse farlo.

Della guerra, in ospedale non si parlava quasi mai. Lo staff nazionale, perlopiù rifugiati afgani, la menzionava di rado, con distaccata rassegnazione. Nei momenti di pausa cercavo sempre di saperne di più, parlando un po' di inglese intervallato da qualche frase in farsi e in pashtu.

Mi interessava sapere che cosa pensassero di quello che stava succedendo nel loro Paese, come vivessero la pressione continua dell'assistere i feriti, se avessero paura per i loro cari rimasti a casa.

"*Jung ast*", è la guerra, commentavano semplicemente di fronte alle mie domande e agli orrori quotidiani.

Tutti i giorni arrivavano feriti, a volte le persone morivano durante il viaggio, troppo lungo e faticoso. Non so se la loro fosse una reazione per difendersi da quella barbarie o se ormai ci si fossero effettivamente abituati. Chissà cosa avevano visto a casa loro, se la guerra aveva toccato in qualche modo le loro famiglie. Ripetevano solo *"Jung ast"*. Dopotutto, la guerra, per molti di loro, era l'unica condizione sperimentata nel corso della vita.

Restai a Quetta per quasi un anno, ogni giorno in sala operatoria a rimettere insieme pezzi di umanità smembrata.

Rientrato in Italia, scoprii presto che quell'esperienza mi aveva cambiato. Non ero in grado di riprendere la vita di sempre, non potevo più adattarmi alla quotidianità.

All'epoca gli amici mi chiedevano come facessi a desiderare di ritornare in un posto come quello, a vedere ancora tutti quei morti e quei feriti. Capivo le loro perplessità, ma volevo rientrare proprio perché avevo visto tutti quei morti e quei feriti.

Ne parlavo spesso con i colleghi della Croce Rossa internazionale, chirurghi e infermieri che magari avevano lasciato carriere sicure o le loro famiglie senza poterle sentire per mesi. Una vita intensa, sfidante, ma anche molto impegnativa dal punto di vista fisico e della salute mentale. Poi pensavi, ad esempio, a una famiglia afgana che viveva in un villaggio, coltivava la terra e allevava qualche animale. E siccome qualcuno aveva deciso di fare la guerra tu, contadino di quel villaggio che non sapevi niente di obiettivi e strategie, da un giorno all'altro ti ritrovavi con un figlio amputato, oppure morto. Provavi a immaginare la tua vita in una di quelle case di fango, a faticare nei campi per dare da mangiare ai tuoi figli con il rischio di perderli o di vederli soffrire per una stupida bomba. Come convivere con tanto dolore senza cedere alla violenza, alla vendetta?

Sapendo quello che stava succedendo, non potevo più girarmi dall'altra parte. Non avrei potuto fare niente per fermare quella follia, ma potevo curarne le vittime.

Rimasi in Italia solo un paio di mesi, poi ripartii, sempre con la Croce Rossa internazionale. Avevo scelto di fare il chirurgo di guerra: destinazione Kabul.

4.
Afghanistan 1991. La scoperta delle vittime

Al primo sguardo, Kabul mi era sembrata una città magica.

Dal finestrino dell'aereo avevo intravisto una distesa fitta di case color sabbia circondate da un anello di montagne appena imbiancate sulle cime. Dall'alto non sembrava una città in guerra, senonché a un certo punto, improvvisamente, il pilota si lanciò in un atterraggio a vite e lo stomaco mi balzò in gola. Mi spiegarono poi che era una misura per evitare di diventare l'obiettivo dello *Stinger* di qualche *mujaheddin* appostato sulle montagne in attesa del bersaglio. *Welcome to Kabul*.

Una volta atterrato, cercai nel parcheggio dell'aeroporto il fuoristrada che era venuto a prendermi, e poi un tuffo nella città al crepuscolo. Era un momento di quiete speciale, magica appunto.

Kabul aveva circa un milione e mezzo di abitanti – oggi almeno il triplo – ed era divisa in due. Da una parte i quartieri delle ambasciate e delle organizzazioni internazionali, dall'altra i quartieri popolari, dove si combatteva. Il nostro ospedale si trovava nel quartiere di Karte-seh, la parte più popolosa della città, fatta di gente, polvere, ingorghi di auto, carretti che si muovevano indisciplinatamente in tutte le direzioni. C'era tensione, la guerra civile era divampata in tutto il Paese. Con il resto del team della Croce Rossa internazionale vivevamo sotto tiro, come tutti: razzi, colpi di mortaio e sparatorie erano diventati la colonna sonora delle nostre ore. C'erano giorni in cui sentivamo tirare di artiglieria senza sosta fino al giorno successivo. Non dico che non ci facessimo più caso, ma iniziavamo a preoccuparci seriamente solo quando li sentivamo fischiare nelle orecchie.

In quel periodo l'ospedale fu colpito sette volte, fortunatamente senza vittime.

Un giorno, un gruppo di *mujaheddin* irruppe in casa nostra per piazzare un mitragliatore in soggiorno in direzione di un gruppo rivale, proprio lì di fronte. C'era la guerra a Kabul, ma trovartela in soggiorno è un'altra cosa. Dopo cinque ore di spari all'impazzata, finalmente ci azzardammo a uscire dal sottoscala dove ci eravamo rifugiati e trovammo un cadavere insieme a centinaia di bossoli sparpagliati sul tappeto. "Com'è vivere in un Paese in guerra?" A volte può essere anche così: trovarsi dei guerriglieri in salotto e non sapere se salverai la pelle.

La maggior parte del tempo, però, la pelle cerchi di salvarla ad altre persone.

In ospedale c'era un flusso continuo di feriti. Il nostro era l'unico ospedale che funzionava a Karte-seh, aveva una capacità di centocinquanta posti letto, ma arrivammo ad avere anche settecento ricoverati, un incubo.

In certi momenti non riuscivamo neppure a ricoverare feriti con fratture esposte del femore perché eravamo sommersi di pazienti con intestini fuoriusciti, buchi nel torace, lesioni vascolari.

Appena arrivavano al pronto soccorso, si innescava un meccanismo ormai rodato per fare il triage e capire chi dovesse andare subito in sala operatoria per l'intervento.

È uno dei momenti più difficili del lavoro di un chirurgo: decidere in pochi minuti non chi è il più grave ma chi ha più chance di sopravvivere, e fare di tutto per assicurargliele. Liv, un'infermiera norvegese che passava la vita al pronto soccorso, non batteva ciglio neanche davanti alle situazioni più disperate, ma poi alla sera crollava sotto il peso emotivo dei ripensamenti.

Non avevo neanche il tempo di capire i nomi dei feriti, ma le facce – una dopo l'altra – sembravano sempre uguali. Se non fosse stato per gli abiti e per la lingua, avrebbero potuto essere gli amici che avevo lasciato in Italia, o i loro figli. Gente inerme e spaventata che si era trovata colpita senza una ragione e che non aveva altra scelta che mettersi nelle mani di un chirurgo italiano. Un perfetto sconosciuto.

Passavo in sala operatoria quasi tutto il giorno, tutti i giorni, poi la sera a cena cercavo di distrarmi con il resto del team. Un'umanità molto varia, inglesi, norvegesi, neozelandesi, islandesi, francesi... parlavamo di qualsiasi cosa in piena libertà, come se ci si conoscesse da una vita.

Ogni tanto qualche collega chiamava via radio per avvisare dell'arrivo di altri feriti o per comunicarci che qualcuno si era aggravato e che dovevamo tornare in ospedale. Certe giornate non finivano mai. Quando andava bene, invece, a una certa ora mi rintanavo in camera mia con i Pink Floyd di sottofondo. Mi aiutavano a svuotare la mente prima di dormire, quasi una terapia, soprattutto dopo ore passate in ospedale così difficili da avere voglia di ribaltare tutto.

Non avrei mai pensato allora che anni dopo avrei finito per conoscere due dei miei miti, Roger Waters e David Gilmour, che venne a fare un concerto a Venezia per raccogliere fondi per Emergency: Gilmour che mi dedica *On the Turning Away* in piazza San Marco mi sembra spesso un bel sogno più che un ricordo.

Passarono molti mesi prima che avessi il tempo di leggere i registri dei ricoveri ospedalieri e delle cartelle cliniche. Notai che pochissimi tra coloro che stavano ammassati nel pronto soccorso, colpiti da mine, proiettili o da schegge di bombe e razzi, portavano un'arma o una divisa. Erano soprattutto cittadini normali, molte donne, moltissimi bambini. Ancora: che cosa ci fanno dei bambini in un ospedale di chirurgia di guerra?

In un periodo di relativa calma, raccolsi anche i dati degli anni precedenti. Dei dodicimila feriti registrati in quell'ospedale, il 34 per cento erano bambini, il 26 per cento anziani, il 16 per cento donne: oltre tre quarti di loro non avevano preso parte alle ostilità. I combattenti rappresentavano appena il 7 per cento del totale.

Quei feriti non erano certo combattenti, ma pagavano pesantemente le conseguenze del conflitto.

Che cosa c'entravano i civili con la guerra?

Ero sorpreso, confuso.

Si combatteva a pochi chilometri dall'ospedale, potevamo sentire i boati delle esplosioni e le raffiche delle mitragliatrici. E lì, nell'ospedale dove da anni affluivano i feriti di guerra, neanche un ferito su dieci era un combattente. Incredibile. Qualche militare ferito sarà stato curato altrove, mi ero detto per trovare una spiegazione. Sapevo che i combattenti a volte venivano evacuati in qualche ambulatorio amico, ma quei dati erano incontestabili: la stragrande maggioranza dei feriti erano civili. Gente normale che stava facendo la propria vita prima che una smitragliata o un'esplosione gliela cambiasse per sempre.

Avevo, prima di allora, un'idea diversa della guerra: immaginavo lo scontrarsi di eserciti in ampie radure, le imboscate delle colonne corazzate nel deserto, gli attacchi alle roccaforti nemiche, i siluramenti di imbarcazioni straniere.

Il fratello di mio padre era marinaio ed era morto in guerra, nella battaglia di Capo Matapan, in Grecia: finì a fondo con il suo incrociatore. Conservo ancora le foto e le poche lettere che riuscì a spedire e la ciocca di capelli neri che mia nonna gli tagliò prima che partisse. Ma era in qualche modo normale, inevitabile, che i combattenti perdessero la vita, essendo la morte dell'uno l'obiettivo dell'altro.

Se nove vittime su dieci sono civili, però, non è più normale. Non è più la stessa guerra, non si dovrebbe nemmeno chiamarla tale.

Una follia la guerra contro i civili, un incubo. Ma quello era un caso specifico – avevo concluso –, unico e irripetibile. Una cosa che succedeva solo in Afghanistan.

Mi sbagliavo.

5.
Emergency

Dopo l'Afghanistan, feci altre missioni in giro per il mondo: Perù, Somalia, Bosnia, Etiopia... Ero tornato da poco dal Corno d'Africa. Uno dei tanti ritorni che ormai da cinque anni scandivano la mia vita, da quando avevo iniziato a fare il chirurgo per la Croce Rossa internazionale.

A ogni ritorno raccontavo a Teresa e agli amici esperienze e situazioni, i tanti disgraziati che mi erano capitati sul tavolo operatorio.

Parlavamo dell'atrocità e della disumanità della guerra, della violenza che distrugge vite, che toglie dignità e possibilità di futuro.

Feriti, mutilati, morti. In questo o quel Paese, con governi filoamericani o filosovietici, di destra e di sinistra. Sempre morti e feriti. Quasi sempre tra i civili. La persona normale sempre più al centro del bersaglio di tutti gli incivili del pianeta, di tutti i grandi "eroi" moderni che avevano in mano armi e le usavano contro gli inermi. I capitani coraggiosi in tuta mimetica o con il turbante che seminavano mine come fossero grano, per mutilare i bambini del nemico.

Tornavano sempre quelle percentuali che avevo

ricavato dai registri operatori dell'ospedale di Kabul. Non era l'Afghanistan l'eccezione.

Verso la fine del '93, una sera dissi a Teresa che mi sarebbe piaciuto dare vita a un'organizzazione per curare i feriti di guerra. Continuò a fare quello che stava facendo, apparentemente senza prestare attenzione alle mie parole. Poi, una volta a tavola, se ne uscì con un ironico: "Sentite un po' l'ultima novità di Gino, secondo me è impazzito...". Ennio ed Emi, gli amici di sempre, mi guardarono come si guardano quei simpatici matti di paese un po' irruenti, ma innocui.

Nelle settimane successive parlammo poco di quella idea, solo qualche accenno, ma evidentemente entrambi avevamo continuato a ragionarci.

Riprendemmo il discorso quasi per caso, era il gennaio del 1994, insieme ad alcuni amici con cui avevo condiviso il lavoro in zone di guerra negli anni passati. Vidi subito il loro interesse: la Croce Rossa internazionale stava ripensando la sua strategia di intervento e i miei amici sarebbero stati disponibili a lavorare per una nuova organizzazione pur di continuare a dare una mano.

Così, pur non cancellando i dubbi e le paure per quel progetto, la voglia di fare qualcosa e di mettersi in gioco aveva trovato spazio, era entrata in qualche modo nell'orizzonte delle scelte possibili.

"Da che parte si comincia?" ci chiedemmo alla prima riunione di questo gruppo di matti.

Già, da che parte si comincia a fare una nuova organizzazione?

Quando si discute di una nuova proposta, di un progetto da realizzare, c'è sempre chi elenca i potenziali rischi, chi si addentra nella disamina delle difficoltà, chi sviscera i problemi prima ancora che si materializzino. Si spera in questo modo di definire un possibile scenario, una visione realistica del problema, che consenta di orientare la decisione.

A me è sempre piaciuto pensare che l'approccio migliore sia diverso, in qualche modo opposto. Prima si decide di fare una cosa, poi si pensa al come e a tutto il resto. È la decisione, la scelta di mettersi in gioco, che dà energia e stimoli, che obbliga ad affrontare i tanti problemi e a trovare soluzioni. Se invece non c'è stata ancora una decisione, se non si è detto quel "proviamoci", sarà molto più facile arrendersi alle prime difficoltà, perdere fiducia al primo imprevisto.

L'idea in fondo era semplice: mettere su una piccola organizzazione capace di curare i feriti di guerra anche in condizioni di emergenza. Era insieme un lavoro stimolante e una risposta a un bisogno. Per anni avevo visto feriti di guerra ammassati nei pick-up o distesi su camion colorati pieni di sonagli, trasportati da muli o da cammelli. Sangue incrostato sui vestiti carichi di polvere, facce disperate sfinite dal dolore, ragazzi senza un lamento, senza rabbia né pianto, la cui vita in un attimo era stata stravolta dalla guerra. Feriti che sarebbero morti per assenza di cure, di medici, di ospedali.

Era possibile aiutare, e noi avevamo preso la decisione di farlo, o almeno di provarci.

Fu l'inizio del delirio. Avevamo bisogno di tutto, ci voleva un nome, servivano obiettivi precisi, occorreva coinvolgere persone per poter contare su un minimo di struttura operativa. Servivano uno statuto e un notaio. Ci andammo in quattro, nei primi mesi del 1994: io, Teresa, Graziella Sacchetti, un'amica ginecologa con cui avevo condiviso tante missioni, e Franco Casella, un avvocato amico per la pelle dai tempi di Sesto. Uno a suo modo originale: aveva chiesto a me – battezzato per tradizione familiare, ma ateo convinto – di fargli da padrino quando, già passati i quarant'anni, aveva deciso di ricevere la cresima per sposare in chiesa l'amata Luisa.

Così nacque Emergency. In principio, "Emergency" era un aggettivo: *Emergency life support for civilian war victims* doveva essere il nome completo, poi mi convinsi che doveva essere, molto più semplicemente, "Emergency".

Mentre festeggiavamo la "neonata" in un bar di Milano, a me e a Franco venne un'idea. All'inizio Teresa cercò di sottrarsi, aveva il suo lavoro a scuola, i suoi studenti e soprattutto non si sentiva adatta a quel ruolo. Poi finalmente accettò la proposta e diventò la prima presidente di Emergency. Lo fu da allora con grande convinzione, passione e generosità per quindici anni, fino alla fine dei suoi giorni.

"Potremmo organizzare un team chirurgico e andare in Ruanda." Le notizie non erano molto precise, ma disegnavano una tragedia immane. "Potrebbe essere il primo atto di Emergency."

Iniziammo a procurarci tutto il materiale di cui avevamo bisogno. La cantina di casa iniziò a riempirsi. Bonarda e barbera e rossi di Toscana si mescolarono con fleboclisi e antibiotici, bende e gessi, siringhe e strumenti chirurgici. Quando la cantina fu stracolma, fu il turno del soggiorno, poi della sala da pranzo...

La sera il soggiorno-magazzino si riempiva di amici che si erano lasciati coinvolgere: lunghe discussioni rese leggere dall'entusiasmo, dalla novità e dalla stranezza dell'impresa. Bisognava far circolare l'idea, far conoscere il progetto, contagiare nuove persone.

E i soldi, dove li avremmo trovati? Una prima colletta tra amici, ai quali illustrammo l'idea in una trattoria di Milano che ironicamente si chiamava Il tempio d'oro, aveva fruttato poco più di dodici milioni di lire. Quanto serviva per andare in Ruanda? Ci avremmo coperto tre mesi di lavoro? Farmaci e materiali di consumo chirurgici, equipaggiamento, viaggi e mezzi di trasporto, stipendi e assicurazioni... avremmo potuto farcela con duecentocinquanta milioni di lire.

Nessun pessimismo, nessuna esitazione, avevamo deciso di dare vita a una associazione e ci ritrovavamo lì associati, accomunati da un impegno preso e da una passione comune.

"Siamo più di una ventina," arrivò a proporre un amico, "facciamo cambiali per dieci milioni a testa ed è fatta." Sorprendentemente, neanche questa idea suscitò reazioni scomposte. Ci avremmo riflettuto.

6.

Indignazione e partecipazione

Non so bene perché Maurizio Costanzo mi avesse invitato a partecipare al suo programma, forse lo incuriosiva la storia di un chirurgo girovago nei luoghi dell'orrore. A me non andava molto a genio l'idea di mettermi in piazza, ma in quel periodo stavamo pensando a come far conoscere il dramma delle mine antiuomo, di cui l'Italia era tra i principali produttori, e a come raccogliere fondi. Con alcune fotografie scattate in giro per il mondo avevamo preparato una mostra fotografica, una dozzina di manifesti, immagini dure, ma non di quelle che fanno voltare la faccia. Volevamo scuotere l'opinione pubblica, volevamo che l'Italia si chiamasse fuori da quel massacro vigliacco. Avevo visto mine di produzione italiana persino in Ruanda.

Quello – non la mia vicenda personale – era l'argomento di cui parlare in televisione. Lo proposi a Costanzo, gli misi davanti tre fotografie e lui capì immediatamente la barbarie di quelle armi e la vergogna di essere cittadini di un Paese che ne era fabbricante e venditore.

"Non posso fare a meno di dire chi le produce in Italia."

"Dottore," allora mi chiamava così, "parli pure liberamente."

Lo feci. In trasmissione raccontai la tragedia delle decine di migliaia di civili – per un terzo bambini – che ogni anno finivano vittime di quelle armi disumane e senza tempo, che dilatavano la guerra, che alienavano territori rendendoli inospitali per gli esseri umani. E indicai anche le aziende – del gruppo Fiat, per chi se ne fosse scordato – che in Italia producevano quelle armi di distruzione di massa.

Aziende italiane coinvolte? In Italia non si sapeva che cosa fossero le mine antiuomo, né che il nostro Paese fosse tra i venditori più aggressivi. I pochi che erano a conoscenza di quel commercio di morte – industriali, politici, sindacalisti, e ovviamente chi materialmente le produceva – se ne stavano zitti.

Così sfruttai quelle occasioni televisive per informare il grande pubblico, per suscitare una reazione di civiltà.

Successero cose straordinarie. Le persone avevano capito.

Arrivarono migliaia di lettere e telegrammi a testimonianza di un'indignazione collettiva, del rifiuto dell'orrore. Nessun cervello umano – a eccezione di qualche demente "esperto militare" – poteva trovare concepibile, prima ancora che giustificabile, produrre armi per mutilare bambini, anche se figli del "nemico".

Il telefono non smetteva mai di squillare. Quando Costanzo mi chiese come il pubblico avrebbe potuto aiutarci, diedi in diretta tv il numero di telefono di Emi ed Ennio, che si ritrovarono a dover rispondere alle chiamate fino a tarda notte per molti giorni a seguire. Pagarono a caro prezzo il loro scetticismo iniziale.

43

In quel periodo furono in molti a donare perché potessimo aiutare i feriti. Qualcuno arrivava persino sulla porta di casa a portare quello che poteva, ben chiuso in una busta da lettera.

Cecilia si era trasformata un po' in centralinista e un po' in custode: rispondeva alle telefonate più disparate, riceveva lettere e persone, sopportava l'invasione di amici e collaboratori che c'era costantemente in casa. Aveva quindici anni e improvvisamente si era ritrovata catapultata in un'impresa che non aveva scelto e che assorbiva completamente tutte le persone che aveva intorno. Per lei Emergency era praticamente un fratello piccolo, quello che ti porta via tempo e attenzione, che monopolizza la scena. Quello che ti fa saltare i nervi, insomma, ma che poi alla fine impari a conviverci e a volergli bene. Tanto.

Dopo pochi mesi, era il 1994, sul palco di Costanzo riuscimmo a ottenere l'impegno dell'allora ministro della Difesa Cesare Previti per la moratoria sulla produzione e il commercio delle mine antiuomo. Era il primo passo verso la legge 374 *Norme per la messa al bando delle mine antiuomo*, che venne approvata il 29 ottobre 1997.

Successe allora quello che tante volte sarebbe accaduto negli anni successivi. L'interesse, il passaparola, la generosità della gente comune non erano solo un incoraggiamento, ma rendevano possibile concretamente il nostro lavoro.

A ogni nuovo progetto, cresceva anche il numero delle persone che con fiducia decidevano di sostenere questa nuova, piccola organizzazione. Qualcuno con il suo tempo – i nostri appassionati volontari – e qualcuno con del denaro, con motivazioni personali e interessi diversi, eppure con un desiderio in comune, volevano fare una cosa straordinariamente banale e profondamente umana: occuparsi di altre persone, curarle.

È questa la chiave di tutto quello che siamo riusciti a fare. Alla fine sono sempre il coinvolgimento, le energie, la condivisione, il sostegno di tanti che rendono possibili progetti apparentemente impossibili.

7.
Afghanistan 2001. La ragione del più forte

Di Trasimaco avevo solo un vago ricordo dei tempi del liceo, finché il mio amico Carlo non mi mise in mano una sua sentenza, vecchia di ventiquattro secoli: "Solo un ipocrita senza pudore, o uno sprovveduto senza cervello, potrà dirsi stupito: il giusto non è nient'altro che l'utile del più forte".

Mi sono tornate spesso in mente le parole del filosofo ateniese guardando le bombe cadere su Baghdad o Belgrado. O su Kabul.

In molti anni passati in Afghanistan, ho visto vittime sempre uguali di guerre diverse: prima nella Kabul dei combattimenti tra il governo di Najibullah e i *mujaheddin*, poi tra i *mujaheddin* di Massoud e quelli di Hekmatyar, poi tra i *mujaheddin* e i talebani, poi tra i talebani e le forze internazionali. Verrà anche il momento della guerra di tutti contro tutti.

L'ultima guerra all'Afghanistan è stata iniziata autonomamente dagli Stati Uniti, subito dopo l'attacco terroristico dell'11 settembre, nel silenzio condiscendente di quasi tutta la comunità internazionale. Nella risoluzione 1368 del 12 settembre 2001, il

Consiglio di Sicurezza aveva dichiarato di essere "pronto a prendere tutte le misure necessarie per rispondere all'attacco terroristico dell'11 settembre". Nemmeno il tempo di pubblicare la risoluzione e già gli Stati Uniti avevano avviato i preparativi per l'attacco all'Afghanistan – che partì il 7 ottobre 2001, meno di un mese dopo –, nella completa illegalità internazionale. D'altronde, la decisione di occupare l'Afghanistan era stata presa già nell'autunno del 2000 dall'amministrazione Clinton, come riportavano i giornali pachistani di allora e come suggeriscono i tempi esageratamente rapidi dell'intervento.

La guerra fu quindi un atto preordinato, a cui ovviamente la violenza dell'11 settembre offrì un pretesto e un solido consenso emotivo.

George W. Bush indicò persino la durata: "La guerra al terrorismo durerà cinquant'anni". Pensavamo di essere arrivati, nell'evoluzione, a un punto in cui potevamo considerarci al riparo da un gesto come dichiarare una guerra cinquantennale senza sapere bene contro chi. Sembrava un passo indietro di qualche secolo. Era invece una strategia basata su un escamotage molto preciso: la costruzione del nemico.

Gli Stati Uniti stavano attaccando l'Afghanistan perché aveva offerto ospitalità e supporto alla guerra santa di Osama bin Laden. Ma "guerra al terrorismo" era solo il nome con cui cercavano di rendere accettabile la loro decisione di eliminare il governo talebano. Con i talebani avevano trattato per almeno due anni per trovare un accordo: riconoscimento formale e aiuti in cambio del controllo sui futuri oleodotti e gasdotti dall'Asia Centrale al Mare Arabico, attraverso il Pakistan. Evidentemente le cose non erano andate secondo i piani.

E l'Italia? Si legge all'articolo 11 della Costituzione che "l'Italia... consente, in condizioni di parità con gli altri Stati, alle limitazioni di sovranità necessarie a un ordinamento che assicuri la pace e la giustizia tra le Nazioni". L'Italia si dichiara pronta a non esercitare una parte del proprio diritto di Stato sovrano – lo *ius ad bellum* – per conferire tale prerogativa a una struttura sovranazionale, cioè al Consiglio di sicurezza dell'Onu.

Solo il Consiglio di sicurezza, e *in modo esclusivo*, è autorizzato a decidere quali misure – anche militari – siano necessarie per i Paesi membri, e in base allo statuto dell'Onu. Non uno o più Paesi membri: è uno dei fondamenti dell'ordinamento internazionale attuale, sottolineato anche nella Costituzione italiana.

Il Parlamento italiano, invece, decise di esercitare "il diritto alla guerra" al fianco di un Paese membro.

Un Paese o un individuo hanno diritto all'autodifesa solo *quando* sotto attacco e solo *fino a quando* non intervenga il Consiglio di sicurezza.

Il 7 novembre 2001, quando il 92 per cento del Parlamento italiano votò per la guerra, gli Stati Uniti non erano sotto attacco, non era in corso alcun esercizio di autodifesa da parte loro.

Così è iniziata l'avventura afgana dell'Italia: calpestando la Costituzione, manipolando e stravolgendo lo statuto dell'Onu e le risoluzioni del suo Consiglio di sicurezza.

Pensandoci a freddo, senza retorica e rinunciando alla contrapposizione tra "noi" e "loro", che differenza c'è tra mille morti sotto le macerie in Afghanistan e mille morti sotto le macerie del World Trade Center? Che chi uccide sia arruolato in un esercito o in un gruppo militare clandestino cambia qualcosa? Commettono le stesse azioni, compiono gli stessi crimini e fanno girare la stessa ruota. Guerra, morti, feriti, mutilati, affamati, rifugiati... e la distruzione del sistema sanitario, che già era un disastro, dunque altri morti, altre sofferenze.

Per punire un crimine si era disposti a commetterne un altro. D'altronde, la distinzione tra crimine e legalità appare sempre poco appassionante quando sono gli eserciti regolari di qualche Paese democratico a radere al suolo villaggi o a fare saltare in aria qualche famiglia innocente mentre cercano il covo di un possibile kamikaze.

Scriveva Howard Zinn, storico americano radicale che è stato un amico, che esiste un meccanismo preciso per cui si accetta di uccidere gente innocente: "All'inizio della guerra si fa una scelta: che la tua parte è buona e l'altra è cattiva. Una volta che hai fatto questa scelta, non hai più bisogno di pensare: qualsiasi cosa tu faccia, non importa quanto sia orribile, è accettabile".

49

8.
Afghanistan 2001. No alla guerra

Il 9 settembre 2001 un'agenzia che annunciava l'attentato ad Ahmad Shah Massoud mi lasciò senza parole. Massoud era il comandante dell'Alleanza del Nord, l'unica vera opposizione al regime dei talebani che all'epoca governavano l'Afghanistan, ed era soprattutto un vero leader, brillante e carismatico. Qualcuno lo definiva "il Che Guevara" del mondo islamico. Avevo conosciuto Massoud nel 1998, quando arrivai nella Valle del Panshir insieme a Ettore Mo per capire se era possibile aprire un ospedale, e ci trovammo subito in sintonia sulle cose da fare: aiutare al più presto la gente stremata da anni di guerra. Massoud mise a disposizione gli edifici di una vecchia caserma in un posto unico, un villaggio di poche case e qualche campo coltivato ai piedi dell'Hindokush, che trasformammo in pochi mesi in un ospedale aperto a tutti. Dopo aver visto che facevamo sul serio, aveva cominciato a passare ogni tanto da casa mia per un tè o una partita a scacchi, durante la quale parlavamo del mondo e del futuro del suo Paese.

L'attentato era una pessima notizia, di cui capii la vera portata solo due giorni dopo, l'11 settembre, guardando le immagini sconvolgenti dagli Stati Uniti.

Decisi subito di partire con Kate, straordinaria infermiera appassionata dell'Afghanistan più di chiunque altro abbia mai conosciuto, per riaprire il centro chirurgico di Kabul prima possibile. L'avevamo chiuso qualche settimana dopo l'inaugurazione per protestare contro l'aggressione degli scagnozzi del ministero per la Prevenzione del vizio e la promozione della virtù. Si erano lamentati perché la divisione tra uomini e donne dello staff non era abbastanza rigida per i loro gusti e avevano minacciato e arrestato alcuni colleghi. Ake, infermiere finlandese affidabile e integerrimo con cui avevo lavorato negli anni della Croce Rossa, era stato preso a cinghiate e chiudere i battenti era il minimo che potessimo fare per preservare la sicurezza di quelli che lavoravano con noi. Non avevamo altra scelta, pur sapendo quanto bisogno c'era di quell'ospedale.

In quel momento, gli attentati negli Usa avevano cambiato le nostre priorità e ci avevano spinto a riallacciare il dialogo con i talebani: sapevamo che a Kabul ci sarebbe stato presto bisogno di un ospedale chirurgico, e il nostro era l'unico della capitale a poter essere definito tale.

Nessun volo arrivava in città per motivi di sicurezza e allora decidemmo di fare un viaggio molto "alternativo": Milano – Zurigo – Dubai – Karachi – Islamabad via aereo e poi da Chitral a dorso di cavallo per attraversare le montagne che ci separavano dal Panshir. Con noi c'erano Yusuf e Nayib, due uomini fidatissimi.

Arrivammo a Kabul ed Emergency fu l'unica Ong occidentale a testimoniare l'inizio dei bombardamenti statunitensi sulla capitale il 7 ottobre 2001.

I bombardieri americani attaccarono in grande stile.

C'erano morti nelle strade, gli ospedali erano pieni di gente fatta a pezzi da missili e bombe. La quantità di civili che pagava i costi della guerra era spaventosa, bambini, donne, ragazzi. Tra i feriti, tanti neanche sapevano che cosa fosse successo l'11 settembre a più di diecimila chilometri di distanza da casa loro. Chi poteva abbandonava le proprie case per mettersi al riparo nei villaggi intorno alla capitale con la speranza che la guerra finisse presto e l'Afghanistan venisse "liberato". Dopotutto, la missione si chiamava *Enduring Freedom*.

"Attenzione, gente dell'Afghanistan. Le forze degli Stati Uniti stanno passando sopra il vostro Paese. Non siamo venuti qui per farvi del male. Siamo qui per catturare Osama bin Laden, Al Qaeda e chi sostiene Osama bin Laden. Non prendete parte ad azioni militari. State lontano da strade e ponti. Restate al sicuro, restate a casa," recitava il messaggio radio di *Commando Solo*, l'aereo per le operazioni di guerra psicologica dell'esercito americano. A dargli retta, gli afgani sarebbero dovuti rimanere chiusi in casa per vent'anni almeno.

Solo a Kabul e dintorni, nei primi tre mesi del 2001, l'intervento della coalizione internazionale causò un numero di vittime civili superiore a quello degli attentati di New York, senza fare lo stesso scalpore.

Conoscevamo tutto dei morti delle Torri gemelle – nomi, età, persino le storie familiari –, io stesso sono stato a Ground Zero e ho visto le foto, i fiori e le lettere di chi voleva tenere viva almeno la loro memoria. Degli afgani finiti in una guerra non loro, invece, non importava niente a nessuno, eppure erano allo stesso modo vittime incolpevoli di una violenza assurda.

Il 7 ottobre 2001 è stato il giorno in cui ho capito di non essere un pacifista, ma di essere semplicemente *contro la guerra*. Non so perché sia successo proprio in quel giorno. Forse solo perché prima o poi arriva il momento di dire basta. Dopo anni passati tra i conflitti mi sono scoperto saturo di atrocità, del rumore degli spari e delle bombe. E lì, in Afghanistan, dove avevo vissuto per tanti anni operando feriti, non ce l'ho fatta più a sopportare l'idea di una nuova guerra. Così alla vigilia di un'altra ondata di sofferenza e di morte ho detto il mio "no": basta con la guerra, basta uccidere mutilare infliggere atroci sofferenze ad altri esseri umani.

Tutta Emergency si era mobilitata subito insieme ad altre organizzazioni per impedire la partecipazione dell'Italia alla missione militare in Afghanistan. Uno schiaffo alla Costituzione e a qualunque logica.

Avevamo fatto manifestazioni e appelli, avevamo diffuso un segno di riconoscimento – uno straccio bianco da portare con sé – per rendere visibile il dissenso di chi non si sentiva rappresentato dalla votazione scellerata del Parlamento italiano.

La macchina della propaganda, però, si era già attivata in favore della "lotta al terrorismo", sostenendo con grande disinvoltura la necessità di fare giustizia e difendere i diritti umani senza badare tanto al fatto che la guerra è essa stessa terrorismo legittimato, ingiustizia assoluta, violazione irrimediabile di ogni diritto.

Qualsiasi possibilità di dibattito si chiudeva immediatamente: davanti a ogni obiezione, le reazioni erano perlopiù accuse di essere traditori dell'Occidente e amici dei terroristi. Al massimo, potevamo aspirare al rimbrotto paternalistico di chi ci trattava come bambini che vogliono sedere al tavolo dei grandi: "Su caro, adesso vai a giocare e non disturbare...".

E poi c'erano quelli che: "E allora che cosa avreste fatto voi contro i nazisti?".

Ogni appello all'umanità e alla ragionevolezza cadeva nel vuoto.

Fatouma diceva di avere trent'anni, ma non ne era sicura e per me è sempre stato impossibile dare un'età alle donne afgane. Era arrivata in ospedale da Charikar, accompagnata dal fratello di suo marito. Quando ha sentito sparare, è uscita subito di casa a cercare le figlie che erano in strada a giocare con gli altri bambini per la paura che potessero essere coinvolte nei combattimenti. Appena fuori dalla porta è stata colpita da un proiettile alla pancia, a sinistra, poco sotto le costole. Era incinta di sei mesi.

In quei giorni la maggior parte dei feriti somigliava a Fatouma, non mi sembravano proprio dei terroristi. E allora cominciai a raccontare la guerra, far conoscere le facce, i nomi e le storie di chi nella tragedia di quel Paese aveva almeno la fortuna di arrivare in un ospedale.

Potevo fare solo questo: curare i feriti e restituire un po' di dignità alle loro storie. Vauro, compagno di varie avventure afgane, disegnò una vignetta che è ancora uno dei suoi cavalli di battaglia. In uno scenario bombardato c'è un bambino senza una gamba che ha una sagoma tratteggiata al posto del viso. Poi una didascalia fulminante: "Istruzioni per capire che cos'è la guerra. Prendi la fotografia di un bambino afgano e, al posto della sua faccia, incollaci quella di tuo figlio".

9.
Afghanistan 2010. Curare tutti

Per anni ho avuto una specie di lasciapassare informale. Quando il passaporto o le parole non bastavano a tirarmi fuori da una situazione difficile, esibivo la fotografia di un abbraccio tra me e Roberto Baggio che riusciva a smorzare i toni e ad appianare qualsiasi incomprensione in un attimo. La passione per il calcio è una diplomazia di popolo che ho visto funzionare ovunque e molto più velocemente di quella delle ambasciate.

Al di là della sua utilità fuori discussione, andavo fiero di quella foto: conoscere Baggio è stato un regalo di Massimo Moratti, grande amico prima ancora che presidente di un'Inter indimenticabile. Con Massimo, Milly e la loro banda non condividiamo più gli spalti di San Siro, ma continuiamo a fare il tifo per la stessa squadra e per le cose importanti della vita da più o meno trent'anni. L'ultima, il mio matrimonio in un giorno di giugno con Simonetta; Massimo, testimone, impeccabile come sempre, Gigio brillante come sempre, Milly in ritardo di mezz'ora, come sempre.

A volte una fotografia può bastare a uscire da una situazione complicata, ma lavorare in un Paese in guerra è sempre difficile. È impossibile trovare una regola, perché le situazioni sono sempre diverse e bisogna dialogare, capire, anche nei momenti di grande tensione e di paura. Bisogna insistere, ricominciare, a volte correre contro il tempo, perché in guerra umori e stati d'animo, rabbia e tensioni cambiano di continuo.

Rispettare alcune condizioni, semplici ma importanti, aiuta.

Innanzitutto: curare bene le persone. Questa è la prima garanzia, perché se le persone sanno che per loro e le loro famiglie il tuo ospedale è una risorsa vera, saranno pronti a difenderlo se e quando servirà. Quantomeno, ci penseranno due volte prima di farti un danno.

Poi, qualunque cosa accada, devi sempre ricordarti che quella non è la tua guerra. Non puoi permetterti di schierarti, neanche quando vedi le cose peggiori, perché le tue possibilità di azione diminuirebbero drasticamente e altrettanto drasticamente aumenterebbero i rischi. C'è per me anche una motivazione personale nell'essere neutrale, un ribrezzo per le conseguenze della guerra – sofferenza e morti e feriti – che mi ha sempre impedito di parteggiare per uno qualsiasi dei contendenti.

Infine devi essere indipendente, sempre. Significa che devi tenere separati i tuoi obiettivi da quelli politici, militari, economici di chi hai intorno.

Tutte le volte che è stato possibile abbiamo aperto un ospedale in ogni lato del fronte: le cure devono essere accessibili ai feriti di tutte le parti in conflitto per non essere strumentalizzate a favore o contro qualcuno.

Non è sempre facile rispettarli ma, se ti trovi a lavorare in mezzo a una guerra, questi tre principi sono una specie di assicurazione sulla vita. E quando tutto ti rema contro, devi alzare la voce.

Il 10 aprile 2010 stavo passeggiando sulla fondamenta verso la chiesa della Madonna dell'Orto, uno dei miei posti preferiti a Venezia, quando ricevetti una telefonata. Uomini della polizia e dei servizi di sicurezza afgani, insieme a militari inglesi che avevano allora il controllo della missione Isaf nella provincia di Helmand, avevano fatto irruzione nel nostro ospedale di Lashkar-gah. Erano andati a colpo sicuro in un magazzino e guardacaso avevano trovato delle armi e dell'esplosivo sistemati con cura in due scatoloni di biancheria. Erano già belli e pronti sul pavimento, a beneficio di una telecamera messa a riprendere la scena. Nessun altro scatolone era stato aperto, nessun'altra stanza, corsia o bugigattolo erano stati perquisiti. Mentre il video pubblicato da Associated Press faceva il giro del mondo, i militari prelevarono sei colleghi afgani e Marco, Matteo e Matteo – un chirurgo, un infermiere e un logista.

Finirono in una prigione di sicurezza senza che nessuno di noi sapesse dove si trovavano. Di accuse formali neanche una.

Addio Venezia, tornai subito a Milano per fare il punto della situazione con gli altri. Cecilia, che era diventata presidente di Emergency, e Simonetta, responsabile della Comunicazione, si smazzavano i rapporti con la stampa e organizzavano la mobilitazione; Alessandro, vicepresidente e avvocato, tutte le questioni legali, un paradosso in una situazione di completa illegalità; Pietro e Rossella, responsabili dell'Ufficio umanitario, erano il fulcro del lavoro di pressione in Afghanistan. Decidemmo di consegnare l'ospedale alla gestione delle autorità locali, trasferimmo il resto dello staff internazionale a Kabul per motivi di sicurezza e poi ci demmo da fare per capire che cosa fosse successo veramente.

Conoscevo Marco da anni, era un ottimo chirurgo e un amico. Matteo era un infermiere con cui avevo lavorato a lungo, uno capace. Non conoscevo l'altro Matteo, ma tutti me ne avevano parlato come di un ragazzo sveglio e sensato.

Le accuse mosse contro di loro erano ridicole. Si andava dal presunto coinvolgimento in un rapimento al sospetto di amputare premeditatamente braccia e gambe dei militari afgani feriti curati in ospedale, fino al vero colpo di genio: i tre sarebbero stati pronti a prendere parte a un complotto per assassinare il governatore di Lashkar-gah. Allora a Lashkar-gah la maggior parte dei razzi e delle bombe aveva come obiettivo il palazzo del governatore: chi sarebbe stato così cretino da pagare tre italiani per compiere un attentato quando c'era la fila di quelli che cercavano di farlo gratis?

Le accuse erano assurde e sarebbero cadute presto, ma una domanda mi tormentava: perché quella messinscena?

Non riuscivo a capire. Uno dei nostri doveva aver fatto un torto a qualcuno o aveva sbagliato qualcosa, ma che cosa?

Intanto, un'accusa serpeggiava curiosamente più in Italia che in Afghanistan: "Emergency cura i talebani". E i talebani allora erano *il* nemico.

Ebbene sì, noi curavamo *anche* i talebani. E li curiamo ancora. Lo facciamo perché siamo medici e rispettiamo l'etica della professione medica prima di tutto, anche prima dei trattati e delle convenzioni internazionali. Anzi, ancora prima, li curiamo perché siamo esseri umani che si rifiutano di lasciar morire altri esseri umani.

Curiamo i talebani come chiunque si presenti ai

nostri cancelli, senza fare domande. Dopotutto, non ho mai sentito chiedere in un ospedale italiano: "Chi sei? Quale Dio preghi?". O meglio. Qualche anno fa qualcuno provò a far passare un emendamento ignobile per obbligare i medici a denunciare gli immigrati irregolari che si rivolgevano alle strutture sanitarie, ma il provvedimento naufragò in qualche settimana. La classe medica aveva ancora anticorpi robusti contro il razzismo.

Anche il più crudele dei terroristi ha diritto di essere curato come chiunque altro perché essere curati è un diritto umano fondamentale.

Il vero scandalo non è curare i talebani, i *mujaheddin* o i militari di un qualunque esercito – i combattenti. Il vero scandalo è dover curare i civili, la grande maggioranza delle vittime di ogni guerra. Sui registri dell'ospedale di Lashkar-gah del 2009, l'anno precedente a quell'arresto, il 41 per cento dei feriti ricoverati aveva meno di quattordici anni. Erano bambini. Come ormai avevamo imparato a fare, avevamo raccontato le loro storie e mostrato le loro facce ogni volta che era possibile e probabilmente a qualcuno non aveva fatto piacere che continuassimo a denunciare quell'oscenità. In quegli anni, Emergency era l'unica testimone occidentale in Helmand, un angolo di mondo dimenticato da tutti, ma non dalle bombe.

Eppure ogni denuncia otteneva sempre un'unica risposta, insulsa, che aveva finito per diventare un ritornello: "Curateli e smettete di fare politica". Se fare politica significa cercare un modo decente di convivere con altri esseri umani e prendersene cura, allora farò sempre politica contro l'ottusità della guerra che impone una divisione del mondo in amici e nemici, collocando ovviamente dalla parte del nemico chiunque abbia un po' di considerazione per la sofferenza degli "altri".

59

Un ospedale deve essere un luogo "ospitale" per tutti, dove si cura chi ha bisogno semplicemente, banalmente, perché chi ha bisogno di cure deve riceverle. L'attacco non passò inosservato. Da Lashkar-gah al Panshir, gli afgani firmarono petizioni e appelli per proteggere i *loro* ospedali. Tanti fogli pieni di impronte digitali blu e piccole fototessere incollate a fianco di ogni impronta per togliere qualsiasi dubbio sull'identità dei sottoscrittori. In Italia, l'appello *Io sto con Emergency* pubblicato sul nostro sito raggiunse oltre quattrocentomila firme in quattro giorni. Le autorità italiane, invece, furono più "caute", per usare un eufemismo. Il ministro degli Esteri, che non brillava allora e non brillò molto neanche dopo nella politica italiana, fece una dichiarazione esemplare: "Dio non voglia che siano coinvolti...". Grazie per l'aiuto, ministro, sono commosso.

Dimenticavo. Marco, Matteo e Matteo vennero liberati nove giorni e otto notti dopo perché "completamente innocenti" e la nostra reputazione ne uscì più forte di prima. Tutto bene quel che finisce bene, allora? No, a rimetterci furono come sempre gli afgani che si trovarono senza un ospedale per tre mesi, cioè finché le autorità afgane non diedero la garanzia di poter tornare a lavorare a Lashkar-gah in sicurezza.

Un ospedale chiuso per ragioni di insicurezza è un esempio lampante della brutalità della guerra. Se ci fosse ancora bisogno di esempi.

10.
Afghanistan 2021. Il disastro

L'ultima volta che sono stato in Afghanistan era il 2018. Avevo in programma di incontrare alcuni giornalisti che volevano capire il nostro lavoro a Kabul, ma entrambi cancellarono il viaggio improvvisamente. Un attentato avvenuto il giorno prima – che somigliava a tanti altri – aveva messo in agitazione le loro testate e non erano potuti partire per "ragioni di sicurezza".

Ritrovai una città militarizzata, sfregiata dai T-wall che cercavano di proteggere il fortino degli stranieri dagli attacchi quasi quotidiani. Filo spinato, strade chiuse da pesanti sbarre metalliche, presidiate da soldati in assetto di guerra con i mitra spianati, sacchi di sabbia, garitte. Militari ovunque.

Non si poteva più vivere la città perdendosi nei suoi giardini, tra le centinaia di bancarelle del *bazaar*, tra i negozi di tappeti e di robivecchi, tra le spezie e gli orologi dell'occupazione sovietica. Avevo passato in queste botteghe il poco tempo libero che avevo durante le mie prime missioni, a chiacchierare e bere litri di tè nero bollente con i commercianti di Chicken Street e ci sarei tornato volentieri.

Kabul era diventata il paradigma della violenza, che esplodeva in tanti modi, che scardinava la società e la sua cultura, uno degli spaventosi effetti della guerra, un effetto a lungo termine. Lo spirito della violenza era palpabile, lo si sentiva attorno. Non c'era più solo chi faceva la guerra, chi bombardava, chi sparava. C'erano quelli che tiravano razzi o che si facevano esplodere in mezzo alla folla, e anche questo era abbastanza nuovo per Kabul. Mai successo nei vent'anni precedenti della lunga guerra afgana. C'era la criminalità comune, sempre più comune, la violenza tra le mura di casa, e quella più sottile basata sull'esclusione, sull'emarginazione, sull'arrogante indifferenza alle sofferenze degli altri.

Kabul era sporca e sovraffollata come mai, più di quattro milioni di persone vi si accalcavano nella polvere dello *shamal*, il vento che scendeva dalle montagne.

Giravano soldi, *bisior paisà*, tanti soldi – e questo è bastato a ubriacare i più con il miraggio della ricchezza. Qualche centinaio di afgani è diventato milionario in pochi anni: gente con le pezze al culo ai tempi di Massoud aveva costruito ville hollywoodiane in marmo, noti briganti erano seduti in Parlamento. Come e più dei vecchi dignitari dell'antico Impero mongolo, i moderni *nawab* avevano rapinato risorse ovunque e avevano accumulato grandi ricchezze. La guerra del mercato e il mercato della guerra. La gente era sempre povera.

Anche i colleghi afgani erano cambiati, non avevo mai notato prima quella rassegnazione nei loro occhi. Uno dei primi giorni ho rivisto Leyla, un'infermiera che conosco da vent'anni e che, dopo essere stata abbandonata dal marito, ha vissuto a Kabul con la figlia anche nei periodi più bui. "Per me non spero più niente, ma vorrei aiutare mia figlia ad andarsene. Studia Legge e qui non ha futuro, né con il governo filoccidentale né con i talebani." E come Leyla, tanti non vedevano altro che guerra e fatica ad attendere le loro famiglie.

Nel nuovo caos afgano, solo una cosa ritrovai più o meno uguale: il flusso costante di feriti. Pronto soccorso dell'ospedale pieno, sale operatorie al completo, bambini in terapia intensiva come al solito. Il giorno del mio arrivo erano quattro, il più grande avrà avuto dieci anni, tutti vittime di una mina che avevano preso in mano per gioco.

Chiunque la combatta, questa è la guerra. Niente altro.

Mi piacerebbe tornare in Afghanistan ora che gli Stati Uniti hanno annunciato il ritiro delle truppe e che tutti i Paesi che avevano lì i loro eserciti hanno fatto lo stesso, senza grande originalità. D'altronde, si sa: contro il terrorismo, l'Occidente si muove compatto... agli ordini dei capi americani.

Ho letto le dichiarazioni del ritiro con un misto di rabbia e imbarazzo: "Mettiamo fine alla guerra più lunga per l'America";[1] be', caro presidente Biden, anche per l'Afghanistan non è stata una passeggiata. Con scarsissimo senso del pudore, Barack Obama ha detto: "È tempo di voltare pagina per il prossimo capitolo delle nostre relazioni con l'Afghanistan. [...] È il momento di riconoscere che abbiamo ottenuto tutto quello che potevamo militarmente e che è tempo di riportare a casa le nostre truppe".[2] Non era difficile da prevedere, e invece ci sono voluti 2448 soldati uccisi, oltre 20.000 feriti, 300 milioni di dollari al giorno per vent'anni – solo da parte degli Stati Uniti – per capire che avevano perso la guerra senza possibilità di appello. Già nel 2001, noi dicevamo che sarebbe stata un disastro per tutti.

Costs of War, della Brown University,[3] stima in circa 241.000 persone le vittime dirette della guerra; altre centinaia di migliaia sono morte a causa della fame, delle malattie e della mancanza di servizi essenziali. La Missione di assistenza delle Nazioni Unite in Afghanistan (Unama)[4] ha registrato almeno 28.866 bambini morti o feriti dal 2009, data in cui è iniziata la raccolta dei dati. E sono numeri certamente sottostimati.

Per avere un'idea più concreta di che cosa vuol dire, basta pensare che, dal 2001 a oggi, negli ospedali di Emergency abbiamo fatto circa 155.000 interventi di chirurgia di guerra. Un numero che, tradotto grossolanamente in una media, fa circa venti interventi al giorno.

La guerra ha prodotto cinque milioni di sfollati,[5] tra interni e richiedenti asilo: chi può cerca di scappare, anche se sa che dovrà patire l'inferno per arrivare in Europa perché verrà picchiato, derubato, respinto e ricomincerà da capo cento volte pur di riuscire a trovare una falla nel sistema e mettersi in salvo. Mi chiedo spesso che fine abbia fatto la figlia di Leyla, se sia riuscita a realizzare il suo sogno o se è bloccata in qualche bosco in attesa del giorno giusto per *the game*, il passaggio della frontiera croata. Forse è rimasta intrappolata a Kabul e si prepara ai tempi bui, ancora.

Decine di migliaia di ragazzi come lei non hanno mai visto un giorno di pace in tutta la loro vita. Molti di loro hanno vissuto pensando di non avere altra scelta che uccidere o essere uccisi. Mi chiedo se riusciranno mai a pensare che la vita umana ha più valore di qualsiasi altra cosa. Io riuscirei? Non ne sono sicuro.

E che fine hanno fatto "i nemici"? I talebani sono più forti di prima, hanno appoggi internazionali che vent'anni fa si sarebbero sognati e un Paese già praticamente in mano loro da anni. Con gli accordi di Doha hanno dettato le condizioni agli americani, che con quelle trattative hanno finito per legittimarli agli occhi della comunità internazionale. E l'hanno fatto a scapito del debolissimo governo Ghani, sostenuto in tutti gli anni precedenti come unica alternativa "democratica" per il Paese.

In compenso, da pochi anni sulla scena è comparsa anche la branca locale di Isis – Isis K.

Sono perlopiù miliziani pachistani, molti ex talebani delusi che contestano ai vecchi sodali di aver abbandonato la *jihad* per andare a stringere negoziati di pace in un hotel di lusso a Doha.

Militarmente possono contare su un numero limitato di uomini – si dice 3000 –, ma la loro strategia si basa sull'organizzazione di attentati eclatanti, che garantiscono la massima esposizione sui media. Hanno attaccato l'esercito afgano, i talebani, scuole femminili, le minoranze sciite, moschee e persino un centro di maternità.

Hanno destabilizzato in pochi anni lo scenario afgano e probabilmente faranno lo stesso nei Paesi vicini. Sono terroristi panislamici a cui non interessa tanto controllare l'Afghanistan, ma esportare la *jihad* nella regione.

Con la comparsa di Isis K, lo sguardo dei governi occidentali sui vecchi talebani si è fatto più morbido. Condiscendente. Si direbbe che oggi che i talebani possono servirci a combattere l'Isis sembrano molto meno "mostri" di vent'anni fa, vero?

Per finanziare tutto questo, gli Stati Uniti hanno speso complessivamente oltre 2000 miliardi di dollari,[6] l'Italia 8,7 miliardi di euro.[7] Una cifra indecente per due Paesi che in questi anni avrebbero avuto altre priorità, ad esempio la scuola e la sanità.

Se quel fiume di denaro fosse andato alla popolazione dell'Afghanistan, adesso il Paese sarebbe una specie di Svizzera con montagne più spettacolari. E, alla fine, attraverso investimenti e aiuti economici forse gli occidentali sarebbero riusciti a esercitare un'influenza reale sul Paese, mentre ora sono costretti a levare le tende dopo aver perso su tutti i fronti.

Qualcuno dirà: "Almeno le donne sono state liberate". Le donne, e solo nelle città, hanno avuto maggiore libertà, ma i loro diritti sono destinati a essere cancellati in quattro e quattr'otto con il ritorno dei talebani al potere.

A guardare i bilanci, le uniche ad aver tratto un vantaggio da questa guerra sono le grandi industrie belliche.

Una ricerca di The Intercept lo spiega in modo semplice: 10.000 dollari in azioni dei principali fornitori militari del governo statunitense (Boeing, Raytheon, Lockheed Martin, Northrop Grumman e General Dynamics) acquistate il 18 settembre 2001 – giorno in cui George W. Bush ha autorizzato l'intervento militare – varrebbero oggi, con utili reinvestiti, oltre 97.000 dollari.[8]

In ventidue anni di lavoro in Afghanistan, Emergency ha speso circa 133 milioni di euro raccolti da donatori privati, istituzionali e negli ultimi anni anche dal governo afgano.

Con questa cifra, abbiamo aperto 3 ospedali, un centro di maternità, 44 posti di primo soccorso, abbiamo curato oltre 7 milioni di persone, formato nuovi medici e personale sanitario, dato lavoro a circa 2500 afgani.

Da un lato, i soldi – tanti – fatti sulla pelle della povera gente, dall'altro cure mediche, lavoro, formazione e un'idea di futuro per chi sembrava non averne più diritto.

Come sempre, si tratta di scegliere da che parte stare.

11.
Il 90 per cento civili

Latif abitava a Logar, a ottanta chilometri da Kabul. Una mattina ricevette una telefonata dal fratello, era agitato. I soldati stavano rastrellando il villaggio in cerca di terroristi. Lui e la sua famiglia erano di etnia pashtun, come altri in quella provincia, e avevano paura che questo potesse in qualche modo attirare l'attenzione. Poi una seconda telefonata, più concitata, quando sembrava che i soldati stessero cercando di entrare in casa.

Il padre, che era in moschea per la preghiera, sentì gli spari e corse a casa, dove trovò suo fratello ucciso e un altro parente ferito. Urlò ai soldati di fermarsi, ma una raffica di proiettili lo atterrò, una pallottola nella coscia gli tranciò l'arteria femorale.

Quando Latif arrivò al villaggio vide il padre in un lago di sangue. Chiese di poterlo trasportare subito in ospedale, i soldati glielo impedirono e il padre morì poco dopo sotto i suoi occhi.

Il piccolo Jawid, uno dei figli del vicino, si sporse sopra il muretto che separava le due case per capire cosa stesse succedendo. Un colpo, una pallottola in fronte e Jawid cadde a terra senza vita.

Latif sentì altri spari dal tetto della casa, era il fratello che, fuori di sé, stava tirando sui soldati con un kalashnikov. Ne uccise tre prima di darsi alla fuga. Qualche giorno dopo, un generale americano si presentò a casa di Latif per chiedere scusa alla famiglia. "La situazione è andata fuori controllo." Quel che restava della famiglia di Latif dovette comunque lasciare Logar, non si sentivano più sicuri. Il fratello era ormai un ricercato.

Questa è la guerra. Morti, e ancora di più feriti, quattro feriti per ogni morto, dicono le statistiche. I feriti sono il "lavoro incompiuto" della guerra, coloro che la guerra ha colpito ma non è riuscita a uccidere: esseri umani che soffrono, provano dolore e disperazione. Li ho visti, uno dopo l'altro, in migliaia, sfilare nelle sale operatorie. Guardarne le facce e i corpi sfigurati, vederli morire, curare un ferito dopo l'altro mi ha fatto capire l'unico contenuto della guerra, lo stesso in tutti i conflitti.

Milioni di esseri umani che vengono uccisi, feriti, mutilati, che si ritrovano senza più nulla, poveri e affamati, costretti a fuggire.

"La guerra piace a chi non la conosce," scrisse cinquecento anni fa l'umanista e filosofo Erasmo da Rotterdam. Per oltre trent'anni ho letto e ascoltato bugie sulla guerra. Che la motivazione – o più spesso la scusa – per una guerra fosse sconfiggere il terrorismo o rimuovere un dittatore, oppure portare libertà e democrazia, sempre me la trovavo davanti nella sua unica verità: le vittime.

In guerra è impossibile contare davvero i morti, ed è difficile fornire dati precisi per molto tempo dopo la sua fine.

C'è stato, nel secolo più violento della storia umana, un mutamento della guerra e dei suoi effetti. I normali cittadini sono diventati le vittime della guerra – il suo risultato concreto – molto più dei combattenti. La grande carneficina della Prima guerra mondiale è stata un disastro molto più ampio di quanto non si sarebbe potuto immaginare al suo inizio. Una violenza inaudita. Settanta milioni di giovani furono mandati a massacrarsi al fronte, più di dieci milioni di loro non tornarono a casa. Per la prima volta vennero usate armi chimiche, prima sulle trincee nemiche, poi sulla popolazione. Circa tre milioni di civili persero la vita per atti di guerra, altrettanti morirono di fame, di carestia, di epidemie.

Trent'anni dopo, alla fine della Seconda guerra mondiale, i morti furono tra i sessanta e i settanta milioni.[9] Quest'incertezza sulla vita o la morte di dieci milioni di persone è la misura del mattatoio che si consumò tra il 1939 e il 1945: così tanti morti da non riuscire neanche a contarli.

Gli uomini e le donne di quel tempo conobbero l'abisso dell'Olocausto e i bombardamenti aerei sulle città. Era l'*area bombing*, il bombardamento a tappeto di grandi aree urbane, Londra, Berlino, Dresda, Amburgo, Tokyo... Non esisteva più un bersaglio militare, un nemico da colpire: il nemico era la gente, che pagava un prezzo sempre più alto. L'obiettivo era "la distruzione delle città e l'uccisione dei lavoratori tedeschi, la distruzione della vita civile in tutta la Germania".[10] Sir Arthur Harris, comandante in capo della Royal Air Force, lo rivendicava pubblicamente, senza nessun pudore e nessuna cautela. E poi le bombe atomiche su Hiroshima e Nagasaki, che cambiarono la storia del mondo: l'uomo aveva creato la possibilità dell'autodistruzione.

Nella Seconda guerra mondiale le vittime civili furono più del 60 per cento; in pratica, due terzi non avevano mai imbracciato un'arma. Sono proprio queste vittime, in maggioranza persone disarmate, a testimoniare la follia della guerra e l'assoluta incapacità di controllarla.

Howard Zinn si era arruolato volontario nell'aviazione nel 1943, convinto di combattere una battaglia giusta. Era disgustato da quello che aveva letto della Prima guerra mondiale, quella carneficina orrenda, eppure pensava che la guerra per liberare l'Europa dal nazifascismo fosse necessaria, inevitabile. Dal suo B-17 sganciò bombe su tante città della Germania, della Cecoslovacchia, dell'Ungheria, anche della Francia. "Quando sganci bombe da otto chilometri di altezza non vedi quello che accade sotto. Non senti urla, non vedi sangue. Non vedi bambini fatti a pezzi dall'esplosione delle tue bombe. In tempo di guerra, le atrocità vengono commesse dalla gente comune, che non vede le vittime come esseri umani, li vede soltanto come il nemico, anche se il nemico ha cinque anni."[11]

Sceso da quel bombardiere, capì che non esiste una guerra giusta e spese la sua vita per farlo capire al mondo.

Dopo il 1945 hanno insanguinato il pianeta altri 265 conflitti interni o internazionali, con una percentuale di vittime civili che ha continuato a salire.[12]

Sparito il campo di battaglia, eserciti e gruppi ribelli, fazioni in lotta con o senza divisa si sono affrontati nel mezzo delle città, tra le scuole e le case, tra i mercati e gli ospedali. Tra i cittadini.

Il risultato è stato che più di venticinque milioni di esseri umani hanno perso la vita nelle guerre del cosiddetto "secondo dopoguerra". Le vittime non combattenti, una ogni dieci all'inizio del Novecento, erano diventate nove su dieci alle soglie del Duemila.

I dati sui feriti di Kabul – oltre il 90 per cento civili – che avevo ricavato dai registri dell'ospedale non erano conseguenza di una situazione particolare: rappresentavano la realtà delle guerre di oggi, non solo del conflitto afgano. Nei conflitti di oggi è statisticamente provato che è più sicuro essere un combattente che un civile.

Ogni giorno, migliaia di persone soffrono le conseguenze di guerre di cui ignorano le ragioni. Ma allora qual è il senso della guerra, contro chi si sta combattendo, se si dichiara di combattere contro dittatori e terroristi e poi il risultato finale è che nove volte su dieci è un civile a perdere la vita? Quale medico prescriverebbe un farmaco che nove volte su dieci uccide il paziente? In un ospedale, quel farmaco verrebbe proibito, e chi si ostinasse a somministrarlo sarebbe denunciato.

12.
E i soldati?

La guerra per me ha sempre avuto la faccia di un uomo stravolto dalla sofferenza, il rosso caldo del sangue e la puzza di bruciato. Così mi si è presentata più o meno in tutti i posti dove sono andato a curare le vittime: cambiavano i tratti somatici dei pazienti, la lingua, ma le urla di dolore e l'angoscia erano sempre le stesse.

La guerra ha il tratto di *Guernica*: visi sfigurati dalla disperazione, paura, corpi straziati, la madre che tiene il figlio senza vita tra le braccia e maledice il mondo. Quante donne ho visto abbandonarsi alla disperazione per un figlio ucciso.

La guerra, però, può avere anche l'aspetto ben accudito di un prato all'inglese, disseminato di migliaia di croci bianche.

A Colleville-sur-Mer, in Normandia, c'è il cimitero delle vittime americane della Seconda guerra mondiale. Sono 9387 croci rivolte a ovest, verso il Paese che li aveva mandati in guerra e che non avrebbero più rivisto. Un'incisione con nome, cognome, reggimento, divisione, provenienza e la data della morte è tutto quello che ne resta.

Croci ordinate, tutte uguali, una stella di David

ogni tanto. Qualcosa di umano sopravvive anche nella guerra: la necessità di dare ai morti un nome e un posto dove stare. Penso a tutti coloro che hanno recuperato i corpi dalla spiaggia, a chi ha cercato di identificarli, i confronti tra documenti e registri militari, chi li ha messi in una cassa, chi li ha sotterrati, chi ha seminato il prato e chi ancora oggi quel prato lo cura.

Mentre percorro i viali del cimitero, con Simonetta parliamo di quei giorni. Quanti giovani uomini stanno qui sotto, chi erano, da dove venivano... Avevano capito che cosa li aspettava? A chi avevano mandato l'ultima lettera? Chi sarebbero potuti diventare?

Quanti desideri e quante attese, quanta vita non vissuta stanno sotto i nostri piedi.

In un piccolo belvedere che sporge sullo strapiombo, consultiamo una mappa degli sbarchi del 6 giugno 1944. Frecce colorate disegnate su una lastra di ferro indicano la strategia dei diversi contingenti, ma non c'è traccia della tragedia in quel disegno.

Le croci sono alle nostre spalle mentre ci affacciamo sulla spiaggia di Omaha. A guardarla da lì, è un'enorme e bellissima distesa di sabbia che si apre all'infinito dell'oceano, ma, in quei giorni, rigurgitava sangue e morti e disperazione. Mi vengono in mente le scene di *Salvate il soldato Ryan*, con le fanterie fatte sbarcare su questo pezzo di litorale nel momento sbagliato. Un errore nel calcolo delle maree e i soldati erano stati scaricati quando l'acqua era ancora troppo alta, seminando panico e morti ovunque. Fu un massacro.

Oggi, su questa spiaggia meravigliosa, c'è qualcuno che cammina scalzo, qualche cane che corre con il padrone, l'aria è fresca, limpida. L'oceano è calmo e se non facesse freddo potremmo decidere di farci un bagno come fosse una spiaggia qualsiasi.

La natura non serba memoria di quello che è stato. Un accidente accaduto in un minuscolo frammento di tempo e che non ha lasciato nessun segno.

Dopo il 6 giugno 1944, la vita su questo lembo di terra ha ripreso a scorrere, non quella di questi 9387 soldati e di tutti gli altri che sono morti in quei giorni.

Il mondo va avanti tranquillamente senza curarsi di noi: siamo noi che facciamo questa aiuola tanto feroce.

13.
L'orologio dell'Apocalisse

Sembra una notizia dell'*Almanacco della Fantascienza*, eppure alcuni degli uomini più ricchi del mondo stanno investendo miliardi di dollari per studiare la possibilità di insediarsi su altri pianeti, se questo dovesse andare a rotoli.

Certo, è sempre bene farsi trovare preparati, ma mi sembra molto più sensata l'idea di un anonimo pensatore che ho letto qualche tempo fa sul muro di un cantiere di Milano. Suonava più o meno così: "Prima di colonizzare altri pianeti, possiamo smettere di ammazzarci su questo?".

Già. Possiamo smettere di ammazzarci su questo?

In tanti si sono posti questa domanda nel secolo scorso.

Appena dopo l'ecatombe della Prima guerra mondiale, in Europa nacque un grandissimo movimento per la pace che chiedeva che quel massacro osceno non dovesse più ripetersi. Negli anni venti fu la volta della Lega delle Nazioni, che ebbe vita breve, e nel 1928 il Patto di rinuncia alla guerra, conosciuto anche come Patto Briand-Kellogg,[13] per la prima volta dichiarava esplicitamente la guerra fuorilegge. L'idea nacque dal segretario di Stato americano, Brian Kellogg, e dal ministro degli Esteri francese, Aristide Briand. Doveva essere un'intesa bilaterale tra Stati Uniti e Francia, ma il patto venne sottoscritto da sessantatré nazioni – e anche dall'Italia, per mano di un ministro fascista. Il germe di quell'idea ebbe vita breve: stava cominciando l'epoca dei regimi dittatoriali che avrebbero condotto l'Europa nella Seconda guerra mondiale.

Fu una tragedia al di là delle previsioni. Da sessanta a settanta milioni di morti, milioni – milioni! – di uomini, donne e bambini uccisi e poi la bomba nucleare a Hiroshima e Nagasaki. La portata di questo evento fu talmente straordinaria che, se tra mille anni questo pianeta esisterà ancora, la sua storia verrà divisa in due fasi, prima e dopo la bomba atomica. È inquietante pensare che oggi esistano ordigni nucleari di una potenza tale da far sembrare la bomba di Hiroshima poco più di un petardo.

Tony deBrum era il ministro degli Esteri delle Isole Marshall. L'ho conosciuto nel dicembre 2015, eravamo entrambi nell'aula del Parlamento svedese per ricevere il Right Livelihood Award, il cosiddetto "premio Nobel alternativo".[14] Nel suo discorso di accettazione, improvvisamente chiese: "Chi di voi ha mai visto un'esplosione nucleare?". Nella sala nessuno rispose, un silenzio pesante.

"Ecco, io l'ho vista," disse.

Tony aveva nove anni, viveva nel piccolo atollo di Likied, e un mattino presto era fuori a pesca con il nonno quando ci fu il test Bravo, la prima bomba a idrogeno fatta esplodere su un altro atollo delle Isole Marshall, quello di Bikini.

Era il 1° marzo 1954. All'epoca Tony e gli altri abitanti di quelle isole non capirono subito di cosa si trattasse. "Oggi il sole è sorto a ovest," dichiararono gli abitanti di Rongelap, un'altra isola dell'arcipelago. Nessuno sapeva che era stata testata una nuova arma, la bomba a idrogeno, migliaia di volte più potente di quella di Hiroshima.

Gli scienziati atomici del "Bulletin of the Atomic Scientists" dell'Università di Chicago hanno trovato un modo un po' empirico ma efficace per indicare il livello di pericolo di un conflitto nucleare.

Si sono inventati un orologio simbolico, la mezzanotte rappresenta la fine del mondo e i minuti precedenti la distanza ipotetica che manca al macabro traguardo. Tanto perché il messaggio arrivasse forte e chiaro, l'hanno chiamato l'*Orologio dell'Apocalisse*.

Originariamente la mezzanotte coincideva con la guerra atomica, ma negli ultimi anni gli scienziati hanno iniziato a inserire tra le cause della fine del mondo anche altri eventi, il cambiamento climatico o le epidemie. In ogni caso, l'orologio non è mai stato così pericolosamente vicino alla mezzanotte. Nel 1947, data della sua fondazione, la distanza era di 7 minuti. Nel 2021, mancano solo 100 secondi alla fine.[15]

"Allarme rosso," ci dicono gli scienziati nucleari, il pericolo non è mai stato così alto.

Oggi l'avventura dell'uomo su questo pianeta è ad altissimo rischio di interrompersi e l'assurdità è che rischia di estinguersi per sua stessa mano.

14.

Le gru di Hiroshima

Sono stato a Hiroshima nel febbraio del 2020, poco prima dell'inizio della pandemia. Avevo approfittato di un invito in Corea del Sud per spezzare il viaggio e realizzare finalmente un progetto importante. Con Simonetta stavamo lavorando a un'iniziativa per la nostra sede della Giudecca, a Venezia, e volevamo coinvolgere la città nell'impresa.

Da un po' di tempo ci chiedevamo come riuscire a comunicare lo strazio della guerra al di là dei numeri e dell'attualità. L'informazione non mancava, ma non bastava più. Dovevamo trovare un modo per far sentire le persone coinvolte perché capissero che cos'è la guerra per chi la vive sulla sua pelle. Forse, più che l'informazione, era venuto il momento dell'esperienza. Dell'immedesimazione. Un'idea ci frullava in testa da qualche settimana.

Il programma era di stare in Giappone quattro, cinque giorni in tutto, viaggio compreso. Avevamo una serie di appuntamenti a Tokyo, ma io non vedevo l'ora di andare al Sud.

Partimmo da Tokyo con uno di quei treni superveloci che sembrano arrivare dal futuro e che invece hanno vent'anni almeno. Il Monte Fuji stava alla nostra destra con il suo cappello di neve, proprio come nelle stampe classiche di Katsushika Hokusai. Dopo circa tre ore di viaggio nel silenzio assoluto, eravamo arrivati. L'idea di mettere piede a Hiroshima mi diede un'emozione fortissima, non me l'aspettavo. La zona della stazione, però, somigliava a una qualsiasi zona analoga di una città tranquilla, la via dell'ostello era solo poco più animata. Sembrava una cittadina asiatica qualunque, sinceramente un po' troppo ordinaria.

Posammo i bagagli e ci facemmo indicare la strada per il Memoriale, volevamo fare un primo giro per arrivare più preparati alla riunione del giorno dopo. Avevamo appuntamento con il direttore del Museo della pace di Hiroshima e il sindaco della città Kazumi Matsui, che era anche il presidente del museo, per capire se erano interessati a una collaborazione.

Ci incamminammo lungo un'ampia arteria commerciale, una serie infinita di negozi di moda *low cost* e ristoranti tutti uguali: ma quando si arriva? Svoltammo su una strada, poi un'altra che alla fine lasciava intravedere del verde. Forse il Parco della Pace.

Un negozio di souvenir sulla nostra sinistra aveva in vetrina centinaia di origami a forma di gru. Niente a che vedere con i negozi di cianfrusaglie che assediano molti siti storici italiani: era un posto ampio e ordinatissimo, e pieno di gru dappertutto. "Chissà perché."

Girato l'angolo, un colpo al cuore. Avevamo davanti l'Atomic Bomb Dome, il palazzo destinato a ospitare la fiera commerciale della prefettura di Hiroshima, unico edificio vicino all'epicentro a resistere all'esplosione della bomba.

Quante volte l'avevo visto nelle immagini e nei documentari, e adesso ci stavo girando intorno.

Tra il silenzio e il verde ordinato del parco, sembrava impossibile che solo a seicento metri da qui il 6 agosto 1945, alle 8.15 del mattino, un B29 americano avesse sganciato la prima bomba atomica, bruciando – letteralmente – decine di migliaia di esseri umani. Gli edifici della zona si disintegrarono tutti, tranne questo. Solo la struttura di ferro della cupola rimase in piedi e da allora non è stata mai più toccata.

In un angolo c'era un cartello di spiegazione in tre lingue, un po' sbiadito dall'umidità, e qualche mazzo di fiori freschi e finti appoggiati a una lapide.

Eravamo ben coperti, io avevo persino la maglietta termica, eppure sentivamo il freddo fin nelle ossa.

Attraversammo il parco, ritrovando le gru al monumento dei bambini. Un altro centinaio di metri ed entrammo in una bella struttura rigorosa, sobria, che imprimeva ordine al racconto della distruzione. Era la nuova sede del museo: in un'ala i reperti di quel giorno, nell'altra un approfondimento sul pericolo nucleare.

Nella prima ala c'erano molte scolaresche che si aggiravano fra le teche. Tutti gli studenti giapponesi visitano il museo almeno una volta nella vita, a quanto sembrava in religioso silenzio.

Protetti dal vetro, erano esposti decine di vestiti da bambini, piccoli oggetti – un orologio, una borraccia –, la famosa ombra dell'uomo disintegrato su uno scalino.

Mi colpì un triciclo, sopravvissuto chissà come all'esplosione. Nella teca dove era esposto, c'era anche la foto di due bambini, una femmina di tre, massimo quattro anni, e un maschio grassoccio che avrà avuto non più di due anni. Seduti vicini, guardavano seri nella direzione di chi li stava fotografando. Forse il triciclo apparteneva a loro, un regalo di compleanno desiderato a lungo.

Il muro scuro dietro alla teca riportava due testimonianze raccolte nelle ore successive all'esplosione. I caratteri bianchi e ariosi del pre-spaziato non facevano presagire l'angoscia delle parole.

"È stato un lampo di un rosso profondo, una sorta di rosso-arancione quasi nero. In ogni caso, il colore più intenso che avessi mai visto.

"Una madre ustionata su parte del corpo tiene il suo bambino in braccio. Ripete continuamente il suo nome e piange: 'Apri gli occhi, apri gli occhi!'."

Cercai quelli di Simo, lucidi come immaginavo. "Guarda in quella sala, ancora gru." Secondo una leggenda giapponese, se una persona costruisce mille origami a forma di gru può veder realizzato un desiderio.

Sadako Sasaki aveva due anni quando esplose la bomba. Otto anni dopo si ammalò di leucemia e un'amica la incoraggiò a realizzare mille gru di carta per sperare nella guarigione.

Per quattordici mesi Sadako creò gli origami con qualsiasi materiale riuscisse a procurarsi in ospedale. Completò le sue mille gru di carta nell'agosto del 1955, pochi mesi prima di morire, a dodici anni.

La bomba atomica continuava a uccidere anche dieci anni dopo l'esplosione. E continuò a farlo per altri anni ancora.

15.

Non si può umanizzare

Sarà perché ho toccato con mano l'atrocità della guerra, ma sono convinto che ogni tentativo di regolarla sia un'illusione. Non ha senso imporre alla guerra regole di condotta e codici di comportamento perché, quando la decisione è quella di uccidersi, nessuna regola può fare una differenza sostanziale. Alle vittime importa poco se sono morte per un proiettile, un'arma chimica, batteriologica o nucleare: sono morte e non resta altro che la disperazione delle persone che le hanno amate.

Che la guerra, per sua natura, non possa avere regole né limiti l'aveva capito perfettamente Albert Einstein.

Quando nel febbraio del 1932 si aprì a Ginevra la Conferenza generale sul disarmo, fu subito chiaro che le speranze di successo erano minime e la discussione finì per scivolare su quali tipi di armi fossero consentiti e quali si dovessero vietare, su cosa si dovesse intendere per armi difensive, su tutta una serie di cavilli per rendere la guerra meno devastante, meno feroce. Esasperato dallo stallo in cui si era arenata la discussione, Einstein convocò una conferenza stampa per fare una dichiarazione: "La guerra non si può umanizzare, si può solo abolire". Poche parole, semplici come tutte le parole necessarie.

La guerra è talmente disumana che pensare di umanizzarla è un'assurdità logica: come si può immaginare di umanizzare una cosa che per definizione uccide esseri umani? Einstein non pensava di abolire la guerra con un trattato, o un regolamento, ma con un salto di qualità della coscienza collettiva che ci rendesse capaci di vivere sul pianeta senza ucciderci a vicenda.

Nessuno raccolse il suo appello e sei mesi dopo il fallimento della Conferenza di Ginevra Adolf Hitler venne eletto al Reichstag, dando inizio a uno dei periodi più atroci della storia dell'umanità.

Nel 1949, a Parigi, nacque il Movimento dei partigiani della pace, un movimento pacifista ispirato alla lotta partigiana che aveva liberato l'Europa dal nazifascismo. Il presidente era Frédéric Joliot-Curie, gli altri erano Picasso, che ne dipinse il simbolo, la famosa *Colomba della pace*, artisti come Matisse e Neruda, scienziati come Einstein e, tra gli italiani, Elio Vittorini, Giulio Einaudi, Salvatore Quasimodo, Natalia Ginzburg. I migliori cervelli dell'epoca, eppure il Movimento in Occidente fu etichettato come un'emanazione dell'Unione Sovietica a causa del filocomunismo di molti dei suoi promotori. In America erano gli anni del maccartismo e con le ideologie non si scherzava, in nessuna parte del mondo.

Fu anche grazie alle discussioni di quegli intellettuali che nel 1955 nacque il *Manifesto di Russell-Einstein*.

Il 9 luglio 1955, i più grandi scienziati del mondo avevano indetto una conferenza stampa alla Caxton Hall di Londra. Tutti sapevano che il gotha della scienza mondiale si sarebbe riunito lì, ma nessuno sapeva il perché. Presiedeva la conferenza stampa Józef Rotblat, fisico polacco, genio assoluto, arruolato nel Progetto Manhattan, che gli Usa avevano messo in piedi per costruire l'arma nucleare "prima che lo facesse il Führer". Quando fu chiaro che il programma atomico tedesco era fallito, gli Stati Uniti iniziarono a sostenere che le armi andavano fabbricate prima che lo facessero i comunisti. A quel punto Rotblat capì che c'era un unico motivo per fare la bomba atomica: usarla.

Vite che sembrano già scritte possono cambiare all'improvviso grazie a una scelta di responsabilità. Rotblat uscì dal programma di Los Alamos per motivi di coscienza, tirandosi addosso una violenta campagna denigratoria da parte dei media americani. Lo conobbi molti anni fa a una conferenza grazie a Rita Levi-Montalcini: un uomo minuto, mite e ancora pieno di un coraggio inaspettato.

Nonostante la sua storia eccezionale, non era Rotblat al centro dell'attenzione, ma Bertrand Russell e Albert Einstein. Avevano da parecchi anni rapporti di amicizia molto stretti, uno scambio intenso e costante. Insieme con molti loro colleghi matematici, fisici, chimici, discutevano a distanza di continenti sulla strategia migliore per raggiungere l'obiettivo che ritenevano prioritario per l'umanità: un mondo senza armi nucleari.

Non mancavano divergenze profonde – Russell era un convinto anticomunista, Joliot-Curie un comunista dichiarato –, ma la loro percezione del pericolo imminente andava al di là di qualsiasi fede politica. Si parlavano da esseri umani a esseri umani.

Il problema che si ponevano era semplice: con le sue scoperte, la scienza aveva messo a rischio la sopravvivenza dell'umanità. Indietro non si tornava, occorreva imparare a pensare in un modo nuovo. Ora che con l'atomica gli scienziati avevano reso possibile l'autodistruzione, rinunciare alla guerra era la vera urgenza. Ed era un traguardo raggiungibile: la guerra non è inevitabile, non è una necessità, è soltanto una pessima abitudine.

La mobilitazione aveva rischiato di fallire perché Albert Einstein era morto pochi mesi prima, il 18 aprile. Russell l'aveva appreso dal comandante dell'aereo mentre si trovava in volo, di ritorno in Europa ma, rientrato a casa, aveva trovato una lettera: "Sono entusiasta di partecipare a questo progetto, firmerò". Einstein aveva fatto in tempo a lasciare un'eredità morale immensa.

Il Manifesto del 1955, letto con gli occhi di oggi, è scandalosamente attuale e noi siamo ancora molto lontani dal nuovo modo di pensare in cui Einstein aveva sperato.

"Questo è dunque il dilemma che vi sottoponiamo, crudo, spaventoso e ineludibile. Dobbiamo porre fine alla razza umana, o deve l'umanità rinunciare alla guerra?"

Il progetto a breve termine era procedere verso un disarmo nucleare, riportando la distruttività dei conflitti almeno ai livelli precedenti a Hiroshima.

"Dobbiamo cominciare a pensare in una nuova maniera. Dobbiamo imparare a chiederci non che mosse intraprendere per offrire la vittoria militare al proprio gruppo preferito, perché non ci saranno poi ulteriori mosse di questo tipo; la domanda che dobbiamo farci è: quali passi fare per prevenire uno scontro militare il cui risultato sarà inevitabilmente disastroso per entrambe le parti?"

Gli scienziati non usavano mezze misure, in gioco c'era la distruzione totale del pianeta. E allora, perché giocare? Sarebbe stato come organizzare consapevolmente l'Apocalisse: ce l'eravamo costruita in laboratorio, quella possibilità.

Servirebbe scrivere oggi, più di sessant'anni dopo, un nuovo Manifesto con la stessa ispirazione, la stessa consacrazione del valore scientifico e della neutralità politica?

Non lo so, ma so, per quello che ho visto con i miei occhi, che la guerra non si può umanizzare. Non si può renderla meno pericolosa, crudele e folle, meno omicida e meno suicida. La guerra si può solo abolire.

16.
La guerra non funziona

"Se un dittatore opprime il suo popolo, dobbiamo lasciarlo fare?", "Ma se c'è un genocidio, non dobbiamo intervenire anche ricorrendo alla forza per fermarlo?".

Potrei continuare con il repertorio di chi si è arreso all'idea della guerra, di chi la difende, la invoca, la giustifica, di chi la decide e di chi la fa.

Queste domande, però, hanno già ricevuto una risposta. Sappiamo esattamente che cosa è stato fatto finora, quale scelta è stata compiuta, molte volte, negli ultimi decenni. La risposta è stata quasi sempre la guerra.

In un Paese, l'Afghanistan, si nasconde un terrorista di nome Osama bin Laden, mandante degli attacchi dell'11 settembre 2001: si bombarda il Paese, si radono al suolo villaggi, lo si occupa militarmente per vent'anni, spendendo miliardi di euro per fare "la guerra al terrorismo".

Saddam Hussein non è più un alleato affidabile? Si inventano le prove che lo identificano come un pericolo, il segretario Usa agita provette per l'esame urine al palazzo dell'Onu spacciandole per armi chimiche. Infine si bombarda l'Iraq, lo si occupa militarmente. Mu'ammar Gheddafi in Libia non è più l'amico che fornisce petrolio a mezza Europa? Nessun problema. Si bombarda, si forniscono armi ai suoi nemici, gettando nuova benzina sul fuoco della guerra. Ogni volta la stessa risposta, la stessa scelta.

Chi ha deriso il movimento per la pace accusandolo di non sapere offrire alternative, non si è mai fermato a riflettere sulle conseguenze delle sue scelte. E allora, verrebbe da chiedere: come è andata con la scelta ripetuta della guerra in tutti questi anni? Come vivono oggi le persone in Afghanistan e in Iraq, in Libia e in Siria e in tutti gli altri luoghi devastati dalla violenza? Che cosa hanno da mangiare, possono studiare, ricevono le cure di cui hanno bisogno? Quanti morti hanno dovuto piangere, quante sofferenze sopportare, quanto orrore hanno dovuto vedere?

Non ne ho mai sentito parlare, da politici e militari.

La vita, la dignità, la libertà, la sofferenza e la morte delle persone sembrano argomenti minori, anche rispettabili ma sostanzialmente marginali per chi si sente sulle spalle l'arduo compito di sovrintendere i destini del mondo.

Dopo tutti questi anni di guerra, la sola realtà, la sola verità inoppugnabile è che quello strumento, quella scelta, ancora una volta non ha funzionato.

Non c'è bisogno di avere principi etici intransigenti, né visioni politiche specifiche, per capire che la guerra come strumento non funziona. Basta un minimo di intelligenza, basta solo guardare le cose in modo obiettivo e senza pregiudizi.

Chi ricorda "la guerra per far finire tutte le guerre"

del presidente americano Thomas Woodrow Wilson? Era il 1916.

La guerra, anche quella che si invoca o si fa per porre fine ad altre atrocità, "per far finire tutte le guerre", non può funzionare perché è di per sé antitetica alle ragioni che la sostengono: la guerra è la negazione di ogni diritto.

17.
Un mondo senza guerra

È possibile un mondo senza guerra?

"La guerra c'è sempre stata," risponde qualcuno, ma il fatto che la storia sia stata segnata da innumerevoli conflitti non dimostra che la guerra sia inevitabile, né che un mondo senza guerre sia destinato a rimanere un sogno.

La pratica della guerra è una situazione di fatto, non una necessità, e per cambiare questa situazione di fatto dobbiamo imparare a pensare in modo diverso. Perché finché resterà una opzione disponibile per risolvere le nostre controversie, la guerra continuerà a essere di fatto la *prima* opzione.

Come medico, potrei paragonare la guerra al cancro. Che il cancro continui a tormentare e uccidere molti di noi non significa che gli sforzi della medicina siano inutili. Al contrario, è proprio la persistenza della malattia a spingerci a cercare con ancora più determinazione il modo di combatterla.

Nel Ventesimo secolo, il vaiolo è stato la causa di trecento milioni di morti, ma grazie agli enormi sforzi della scienza, e della politica, oggi la malattia non esiste più. È stata eradicata.

Come le malattie più gravi, anche la guerra deve

essere prevenuta e curata. La violenza non è la medicina giusta: non cura la malattia, uccide il paziente.

Oggi comunichiamo con tutto il mondo in un secondo, abbiamo trovato il modo di fotografare i buchi neri, gli scienziati progettano la produzione di organi umani in 3D. L'umanità ha fatto passi avanti sorprendenti in tutti i campi – nella tecnologia, nella scienza, nella medicina... –, ma non nell'etica.

In tutti i luoghi e le culture del mondo l'uccisione volontaria di *un* essere umano è considerata un crimine ed è perseguita e punita. Non è solo vietata dalla legge: la repulsione all'idea di uccidere è talmente cresciuta che è stata interiorizzata dalla maggior parte di noi. Dobbiamo allora iniziare a vedere la guerra per quello che è realmente, l'uccisione volontaria di *tanti* esseri umani. Non importa quale sia la ragione, o la "causa", di un conflitto: è lo strumento "guerra" a essere un crimine.

Tra le macerie del secolo scorso e dei primi anni di questo che stiamo vivendo, l'umanità ha già pagato un enorme carico di morte, fame, malattie e povertà. Oggi è urgente cercare un modo diverso per risolvere i nostri conflitti.

Eliminare l'ipotesi della guerra dagli strumenti che regolano la convivenza umana è la scelta più razionale, realistica e sicura per i cittadini del pianeta, ma non possiamo aspettarci che lo facciano i Parlamenti del mondo, che hanno sempre e comunque votato a favore della guerra. Dovremo impegnarci noi in prima persona per buttare la guerra fuori dalla storia. Tocca a noi agire prima di ritrovarci in mezzo ad altri morti e altro dolore.

Possiamo parlarne come di un'utopia.

Si usa spesso questo termine con un tono di sufficienza, come si fa con i sognatori o con i mezzi matti, ma "utopia" non è il nome dell'assurdo. "Utopia" è il nome di desideri, idee, progetti che possono diventare realtà. Immaginare nuovi obiettivi e poi raggiungerli è lo schema ricorrente nella storia degli uomini e delle donne di questo pianeta.

Fino a due secoli fa c'era chi pensava che l'abolizione della schiavitù fosse un'utopia. Possedere schiavi allora era considerato un modo razionale e vantaggioso di organizzare la società e l'economia. Un grande movimento che ha coinvolto per decenni centinaia di milioni di cittadini ha portato all'abolizione della schiavitù nelle nostre leggi e nelle nostre coscienze. L'ha fatta diventare un tabù. Esistono ancora forme di schiavitù, ma quasi ovunque la schiavitù non è più la regola del mondo.

Sessant'anni fa, negli Stati Uniti era un'utopia l'idea di cancellare la segregazione razziale, o anche solo pensare di candidare un sindaco nero. In quarantaquattro anni, l'impensabile è diventato possibile e un uomo di pelle nera è stato eletto presidente, acclamato da elettori neri e bianchi insieme. L'utopia può avere un passo imprevedibilmente veloce.

Oggi un'altra grande utopia aspetta di materializzarsi.

È urgente, indispensabile, perché ai giorni nostri il pianeta si trova, paradossalmente, in una situazione ancora più critica di quella del secolo scorso.

Nel mondo atomico in cui viviamo, non possiamo più permetterci la guerra.

Non c'è un esercito che sta avanzando verso di noi e che arriverà qui tra sei giorni o sei mesi, in un susseguirsi di eventi lineari. No: ci troviamo nelle condizioni in cui non è ancora successo niente, ma – se qualcuno schiacciasse quel maledetto bottone – un secondo dopo sarebbe già successo tutto.

La tecnologia della distruzione di massa ha prodotto armi in grado di cambiare radicalmente, forse anche di annullare, le possibilità della vita stessa sul pianeta Terra.

L'uomo ha creato e testato su altri esseri umani la possibilità dell'autodistruzione e oggi queste armi sono puntate contro tutti noi. Sta a ciascuno di noi portare avanti l'impegno per rifiutare la guerra. Non quella in Iraq o in Afghanistan, ma la guerra in sé e il suo unico, vero contenuto: morte, sofferenza, disumanità.

Immaginare un mondo senza guerre è il compito più ambizioso che la specie umana si possa dare. Pensare, disegnare, attuare le condizioni che facciano diminuire – fino a fare scomparire – il ricorso all'uso della forza e della violenza di massa è la scommessa più grande che ci attende.

In questo momento, da qualche parte nel mondo, un chirurgo sta impiegando un'eccezionale quantità di conoscenze, lavoro e risorse per espiantare un cuore e trasferirlo altrove per un trapianto. Lo fa per salvare la vita di un essere umano, perché il riconoscimento del valore della vita – di una sola vita – è un connotato specifico del nostro tempo. Smettiamo di riconoscere il valore della vita solo per una parte dei cittadini del mondo. Cominciamo a esercitare, se non la fratellanza, almeno la nostra intelligenza.

L'abolizione della guerra è un progetto indispensabile e urgente se vogliamo che l'avventura umana continui.

Il diritto alla salute

"Tra ricchi e poveri ci si ammala e si muore di classe, come sulla tragica tolda del *Titanic*."

Giulio Alfredo Maccacaro

18.
Scene di cura in un Paese in guerra

Quando sono arrivato la prima volta in Afghanistan, nel 1991, i pochissimi ospedali decenti erano quasi sempre appannaggio esclusivo dei militari. La gente comune aveva a disposizione strutture sovraffollate e fatiscenti, quando c'erano. Potevi vederci di tutto: malati abbandonati a se stessi tra lenzuola sporche di sangue, qualche gatto in cerca di cibo, tre persone accucciate sotto il letto del paziente oppure tre pazienti nello stesso letto. Quello che non vedevi mai erano i medici, gli infermieri, il personale delle pulizie.

Ogni tanto qualcuno passava a distribuire le medicine ai malati, solo se erano state acquistate per tempo dai familiari. Ho visto la stessa scena in molti posti nel mondo: un paziente che deve essere operato urgentemente – diciamo di appendicite acuta, niente di troppo "esotico" ; la famiglia che esce dall'ospedale con un bigliettino in mano: due lame da bisturi, tot mascherine, i camici, le garze, i farmaci per l'anestesia, le pastiglie o le endovene per il post-operatorio; la corsa al *bazaar* per cercare il materiale, sperando di trovarlo in fretta perché l'intervento non può essere ritardato.

Ovviamente questo sistema regge solo se hai denaro da spendere, un posto dove c'è effettivamente quello che ti serve e un po' di tempo a disposizione per procurarsi tutto senza che tuo figlio, tua moglie, tuo padre debbano rischiare la pelle mentre aspettano che tu faccia la spesa.

Agli alti funzionari del ministero della Salute di molti Paesi poco importa che la famiglia in questione debba ingegnarsi per cercare bisturi e garze, né che gli ospedali pubblici siano luoghi nauseabondi o che i medici non si facciano vedere perché troppo occupati nelle loro redditizie cliniche private. Al Sistema sanitario nazionale non disturba il fatto che nessuna cura sia gratuita, non un farmaco, non una visita, non un intervento chirurgico.

A loro va bene così, hanno fatto di tutto perché fosse così. Corruzione?

Prima ancora cinismo e una spaventosa assenza di umanità. Sanno che esistono milioni di poveri che non possono curarsi perché sarebbero costretti a fare una scelta insopportabile tra pagare il dottore per uno o il cibo per tutti gli altri. È lì sotto gli occhi di tutti, nella sua drammatica brutalità, nei morti per cure negate che ci sono in ogni città del mondo povero.

Poi, certo, c'è la corruzione, che è la paga di Giuda dell'indifferenza. Molti anni fa a Kabul si raccontava che un alto funzionario del ministero, responsabile nazionale della distribuzione di farmaci e materiali agli ospedali pubblici (tutte cose poi fatte pagare al malato o al ferito che ne aveva bisogno…), non ha percepito per anni alcun salario. Anzi, è stato lui a pagare – 20.000 dollari al mese – il ministero della Sanità pur di mantenere quella posizione, quel posto di lavoro. Un bel *bakshish*, un pizzo consistente.

Per potersi permettere di "investire" un quarto di

milione di dollari l'anno, quanti se ne sarà intascati? Due, quattro?

Negli ultimi vent'anni la situazione è cambiata: ci sono più ospedali, più posti letto, più ambulatori. In un report recente dell'Organizzazione mondiale della sanità ho letto che oggi oltre l'80 per cento della popolazione afgana può contare su un ospedale entro due ore di viaggio.[16] Certo non è l'Italia – anche se certe distanze somigliano a quelle della Calabria –, ma è comunque un grande cambiamento rispetto a vent'anni fa.

Per le persone comuni, però, è cambiato davvero qualcosa?

Qualche miglioramento c'è stato, soprattutto nelle città più grandi che hanno beneficiato degli aiuti internazionali. Sono aumentate le strutture sanitarie in generale e le possibilità di cura per le donne anche perché in questi anni studiare per diventare medici e infermiere non era più un tabù.

La maggior parte degli afgani, però, è costretta ancora a pagare per cure quasi sempre scadenti, mentre i più fortunati possono rivolgersi a un paio di ospedali privati di Kabul – la sanità è un business a tanti zeri ovunque – oppure fanno il loro viaggio della speranza in India o in Pakistan.

Medici ce ne sono sempre troppo pochi, e ce ne saranno ancora meno in futuro perché con il Paese di nuovo in mano ai talebani chi potrà fuggirà all'estero, probabilmente a fare il rider o il guardiano di un parcheggio.

Con i combattimenti sempre più frequenti è cresciuta anche l'insicurezza nelle strade e dei trasporti: quanti pazienti arrivano troppo tardi in ospedale perché sulle strade si spara o è troppo pericoloso mettersi in macchina con il buio? O semplicemente perché vengono bloccati per ore a un check-point nonostante siano feriti?

Anche gli ospedali non sono più posti sicuri, con buona pace della Quarta Convenzione di Ginevra. Negli ultimi dieci anni i luoghi di cura sono diventati un bersaglio come un altro: Siria, Libia, Yemen, ovviamente Afghanistan... di casi ce ne sono stati tanti, troppi. Ospedali bombardati, ambulanze finite nella traiettoria delle pallottole, infermieri uccisi con un'autobomba mentre andavano a lavorare sono un'oscenità della guerra.

Nei primi sei mesi del 2021, solo in Afghanistan c'è stata una cinquantina di attacchi, deliberati o casuali, contro strutture o personale sanitario, e questi sono solo i dati ufficiali.[17]

Vent'anni di guerra per "portare la democrazia", e un afgano non è più al sicuro nemmeno in un letto di ospedale.

19.
Miserabili resti

La sanità di guerra è un'esperienza per stomaci forti e Kate, con cui avevo lavorato molti anni in Afghanistan, Cambogia e Iraq, era un'esperta del ramo. Dovunque fossimo, approfittava di quel poco tempo libero che c'era per portarmi a vedere gli ospedali e gli ambulatori dove andavano i feriti che non riuscivano ad arrivare da noi.

Mi trovavo davanti vecchi edifici puzzolenti, muri scrostati, servizi igienici nauseabondi, pazienti per terra fra sporcizia e rifiuti di ogni genere. Poche medicine, apparecchiature obsolete e non funzionanti... Luoghi indecenti dove le "cure", spesso altrettanto indecenti, erano comunque solo a pagamento. Si pagava per essere guardati, operati, visitati. A volte persino per entrare a trovare un parente.

Chi non aveva soldi veniva abbandonato ad aspettare che "la natura" decidesse il suo destino.

Davanti a queste situazioni, era inevitabile cercare di fare sempre di più e sempre meglio. Abbiamo aperto centri chirurgici per vittime di guerra in molti Paesi. In Ruanda e in Iraq, in Cambogia e in Afghanistan, in Eritrea e in Palestina, in Algeria e in Libia, in

Sierra Leone e in Repubblica Centrafricana abbiamo curato feriti.

A un certo punto abbiamo capito che non bastava. C'eravamo arrivati per gradi, in Iraq. La scena classica era la dimissione di un paziente amputato, magari a causa di una mina. Lui abbarbicato alle sue stampelle di legno e noi sulla porta, a chiederci cosa ne sarebbe stato di lui senza più una gamba in un Paese distrutto. Si sarebbe abituato a quel corpo menomato? Avrebbe potuto continuare a guadagnarsi da vivere? In famiglia l'avrebbero accettato?

E allora, oltre alla chirurgia, l'ortopedia, la fisioterapia, la riabilitazione, la produzione di protesi, i corsi di formazione professionale, la creazione di cooperative di ex pazienti con disabilità per contribuire a ricostruire il futuro amputato dalla guerra, a ricucire i diritti strappati dalla violenza.

Quanta cura c'è nel mettere un paziente amputato in condizione di lavorare ancora e tornare a fare una vita normale? Io dico: la stessa che posso offrire su un tavolo operatorio o in una sala di fisioterapia.

Un po' alla volta abbiamo iniziato a capire gli effetti di lungo periodo che la guerra aveva sulla vita delle persone. Bastava pensare alle generazioni che ci avevano preceduto in Europa, anche dalla parte dei cosiddetti "vincitori". A Coventry, come a Dresda e a Roma, la gente annegava nella miseria e nella fame. E, senza nessuna possibilità di cure mediche, a una tragedia se ne aggiungeva un'altra.

Non solo morti e feriti da bombe e autobombe, da mine e da proiettili, ma tantissime altre vittime: esseri umani senza cibo né acqua potabile, bambini che non crescevano, madri che a ogni parto rischiavano la vita, persone che avevano solo un presente faticoso da sopportare. Abbiamo fatto tutto il possibile per fornire risposte ai loro bisogni, portando la medicina dove serviva. Insieme agli ospedali per i feriti di guerra, abbiamo aperto reparti di pediatria, di maternità, centri sanitari per i profughi.

Ricordo le prime reazioni quando decidemmo di aprire un ospedale di maternità in Panshir, in una valle dove la mortalità materna e infantile era tra le più alte al mondo. Anche in questo caso, stranamente, le voci più preoccupate erano qui, in Europa. "Come potete pensare di aprire una maternità in Afghanistan? I mariti non permetteranno mai alle mogli di partorire in un ospedale gestito da occidentali. Vi aspetteranno con i kalashnikov ai cancelli, il Mullah vi maledirà." Eccetera. Vorrei dire ai tanti che già contestavano il progetto mentre era ancora poco più che un disegno sulla carta che oggi, diciotto anni dopo, in quell'ospedale nascono venti bambini al giorno, le madri si sottopongono regolarmente ai controlli in attesa del parto, le ragazze studiano per diventare ostetriche e moglie e marito vengono normalmente a discutere di pianificazione familiare, affidandosi anche al consiglio di ostetriche e ginecologhe occidentali. Ho visto fallimenti peggiori.

20.
"Ma perché in Italia?"

"L'Italia non è l'Afghanistan!" Il ragionamento – se vogliamo chiamarlo così – non fa una piega.

Nel 2005, forse 2006, in Emergency ci fu la prima discussione sulla necessità di impegnarsi anche in Italia. In sede e tra i volontari c'era sconcerto di fronte a un'idea che appariva provocatoria, ma era nata dalla percezione precisa che la negazione dei diritti umani non fosse solo un problema dei Paesi in guerra, né di quelli oltreconfine.

Non mi riferivo a bombardamenti e mine antiuomo in Italia, ma in quegli anni si stava consolidando un modo di pensare e di comportarsi in sintonia con la logica della guerra: l'indifferenza alle sofferenze altrui e il cinismo nel provocarle.

Tutte scelte precise fatte "digerire" ai cittadini con la complicità cosciente di molti mezzi di "informazione". Così tanti crimini sociali sono stati presentati come cose buone e giuste, tante scelte contrarie all'interesse delle persone sono state chiamate riforme, o progresso. La guerra è stata chiamata missione di pace, gli ospedali aziende, i licenziamenti ristrutturazioni.

Un modo di pensare, una logica di guerra condivisa da tutti coloro – di sinistra, centro, destra e variazioni sul tema – che sono disposti e disponibili a barattare i diritti con il proprio tornaconto. La guerra contro i poveri in Italia sta facendo morti e feriti. Chi paga il prezzo, anche in questo caso, sono cittadini che hanno dovuto subire senza neanche protestare. Persone che hanno perso il lavoro e i diritti, che non riescono a curarsi né a istruire i propri figli, persone a cui viene tolta la dignità. L'Italia che temevamo allora è quella che oggi, quindici anni dopo, abbiamo davanti agli occhi.

Sono stato a Castel Volturno una decina di anni fa. Certe strade somigliavano a quelle di una città bombardata, tra edifici diroccati e cantieri occupati da famiglie senza casa. Tutto sembrava lì lì per soccombere sotto il peso di problemi da anni senza soluzione: camorra, caporalato, immondizia, abusi edilizi e un'immigrazione apparentemente impossibile da censire per davvero.

Su una popolazione di quarantamila abitanti, i numeri parlano di circa quindicimila migranti impiegati in agricoltura per la raccolta dei pomodori o nel settore edilizio fino a quando la stagione regge. Italiani e stranieri vivono tutti in un grande ghetto non lontano da un campo da golf, molto esclusivo, che non vedranno mai.

Ci sono i lavoratori sfruttati perché "è già una fortuna avere un lavoro", le ragazze nigeriane che si prostituiscono, i braccianti a giornata senza diritti, le madri sole e senza documenti che non sanno dove far visitare il bambino da un pediatra. In questo e in altri ghetti italiani nelle campagne e nelle periferie delle grandi città, tra le altre cose servono anche cure mediche gratuite e di qualità. Nell'ambulatorio di Emergency e in tante altre realtà, la solidarietà lotta contro lo sfruttamento. Tutti i giorni.

Emergency non è la soluzione – il lavoro di nessuna associazione può esserlo – ma intanto quel gesto di cura serve alla persona che ci è capitato di incontrare, aiuta a risolvere "il suo" problema.

Praticare rapporti di solidarietà è esattamente il contrario della logica di guerra ed è indispensabile per costruire una società veramente civile. Emergency è soprattutto una pratica di medicina, che cura chi ne ha bisogno. E lo fa semplicemente perché c'è qualcuno che ha bisogno.

Curare le persone è un dovere nostro, prima ancora che un loro diritto.

21.
Un'idea di cura

Carlina, anestesista amica e collega dai tempi in cui lavoravo all'ospedale di Rho, aveva accettato una missione impossibile. La chiamavano così in sede a Milano, e un po' lo pensava anche lei: aprire un reparto di terapia intensiva a Kabul.

"Ma se non abbiamo neanche la corrente tutto il giorno, che cosa vuoi fare?"

"L'unica cosa sensata: aprire una terapia intensiva in un Paese dove non ce n'è nessuna."

Era l'estate del 2003. Non avevamo ossigeno né aria compressa, la luce andava e veniva e spesso eravamo costretti a finire l'intervento con le torce puntate sul tavolo operatorio, però mi sentivo a disagio ad accettare che le cure, soprattutto quelle post-operatorie, dovessero limitarsi a pazienti che non necessitavano, ad esempio, di un aiuto ventilatorio. A chi era in coma per ferite al cervello, o con gravi lesioni al torace, non eravamo in grado di garantire pienamente quel diritto alla cura, il cui riconoscimento era alla base del nostro lavoro.

Ricoveravamo spesso bambini in coma per traumi cranici. Non era la guerra il colpevole, o meglio non era solo la guerra, ma gli aquiloni sui quali in Italia si faceva tanta inutile retorica. I bambini li facevano volare correndo sui tetti piatti delle case e, mentre erano impegnati a seguire il vento, finivano di sotto a gambe all'aria. Naida e Jalil, Nasir, Waseem e Amin... qualunque fosse la causa del trauma, perché non potevano avere le stesse chance di Maria, Anna o Francesco? Semplice, perché nei fatti non è vero che la cura è un diritto umano universale. C'è chi vive in un Paese ricco e ha aspettative di sopravvivenza alte e chi non sa nemmeno che cosa sia un ventilatore.

Se essere curati è possibile a Milano, perché non dovrebbe esserlo a Kabul?

Questo pensiero mi disturbava, non potevo accettarlo come un dato di fatto, irrimediabile. E così, dopo un mese di lavoro folle, riuscimmo nella missione impossibile: anche l'Afghanistan ebbe il suo primo reparto di terapia intensiva.

La sera stessa a cena, mentre brindavamo alla fatica di una giornata campale, proposi a Carlina un'altra sfida: aprire un centro di cardiochirurgia in Africa.

"Ma tu sei completamente matto!" fu la sua risposta. La chiarezza è sempre stata una dote di Carlina.

Perché la cardiochirurgia? A parte la coglionata che qualcuno ha messo in giro: "Perché piace a Gino", dopo tanti anni di lavoro in Paesi distrutti dalla guerra o dalla miseria, arrivi a pensare alla medicina come strumento di realizzazione del diritto "più fondamentale" di tutti, vivere. Se la posta in gioco è la vita, allora deve esserci spazio per un'unica medicina, quella che permette davvero di dare concretezza a quel diritto. Non può esistere una medicina per cittadini di serie A e un'altra per cittadini di serie B, C, D eccetera.

L'Africa sub-sahariana è una delle zone al mondo con la più alta prevalenza di patologie cardiache che necessitano di un intervento chirurgico. Succede a causa dell'alta diffusione della febbre reumatica, che può sopraggiungere in casi di infezione da streptococco non curata con antibiotici, e che può degenerare nella malattia cardiaca reumatica. Un'altra malattia della povertà, diffusa anche in Italia fino all'inizio del secolo scorso, e poi debellata proprio grazie all'utilizzo degli antibiotici.

Erano trecentomila i morti ogni anno per questa malattia, secondo un report dell'Organizzazione mondiale della sanità di una quindicina di anni fa, e un milione le persone che avevano bisogno di chirurgia.[18] Un milione di persone avrebbe avuto bisogno di chirurgia ma nell'intero continente mancava un ospedale dove essere operati gratuitamente.

"Costruiamone uno, allora, e che sia un modello," ci siamo detti.

E poi nel mondo, in tutti i Paesi con una sanità degna di questo nome, esiste la cardiochirurgia: svuotare un corpo del sangue, fermare il cuore, operarlo, reintrodurre il sangue, far battere il cuore di nuovo... è una delle sfide più entusiasmanti della medicina.

Allora ci venne in mente che il modo migliore per spiegare ai nostri interlocutori la nostra idea di cura era portare il meglio che potevamo offrire: costruire un ospedale a casa loro esattamente come l'avremmo voluto a casa nostra.

Quando vai a trovare qualcuno, cerchi di portare qualcosa che gli piaccia, che gli sia utile. Qualcosa che vorresti anche per te.

Questa idea i sudanesi la capirono e se ne innamorarono subito.

22.
A Khartum come a Barcellona

"Ma in Sudan muoiono di diarrea," ci diceva qualcuno, come se dopo tanti anni di lavoro in giro per il mondo non ce ne fossimo accorti.

In tanti centri pediatrici curiamo anche la diarrea e i bisogni di base, ma possiamo ammettere che gli africani muoiono di tante altre patologie – esattamente come noi – e che la medicina che possiamo portare in Africa non è tutta lì?

La stessa obiezione emerse anche in un'assemblea di Emergency sul futuro dell'associazione. Serena, una nostra volontaria, la smontò in pochi minuti.

Sua figlia Elena era venuta alla luce a Barcellona, nel 2005, con aorta e arteria polmonare invertite. Appena nata, era stata sottoposta a un intervento per la trasposizione dei grandi vasi, con tutta l'apprensione dei neogenitori per un'operazione al cuore su una neonata, ma anche con la certezza di avere la possibilità di curarla perché potesse avere una vita normale.

Chi vive sulla propria pelle un problema fa più fatica a lasciarsi andare a sentenze e giudizi senza appello. Sarà per questo che Serena non assecondò nessuna delle obiezioni emerse – "non possiamo permettercelo!", "non serve!", "noi ci occupiamo solo di feriti di guerra!" – e diede una lezione a tutti quelli che erano lì ad ascoltarla: "Non trovo una ragione per cui Elena abbia avuto la possibilità di essere operata e sopravvivere e i genitori di un bambino sudanese debbano rassegnarsi a vederlo morire appena nato".

Il governo sudanese, coinvolto nel progetto, ci concesse un terreno sulle rive del Nilo Azzurro. Per farsi finalmente ascoltare dalle autorità locali Rossella, "ambasciatrice" di Emergency nel Paese, poi diventata presidente, ci aveva messo qualche mese di telefonate e sale d'attesa. In effetti, era facile immaginare che cosa avessero pensato della nostra proposta. C'era da fidarsi di una Ong italiana sconosciuta che proponeva di costruire un centro di cardiochirurgia completamente gratuito, aperto a tutti, che diventasse un punto di riferimento per l'Africa intera?

La necessità di fondi era un assillo in tutte le discussioni, ma c'era anche una gran voglia di imbarcarsi in un'impresa totalmente nuova.

Su quali risorse avremmo potuto contare, dovendo mantenere tutti gli altri progetti? Di quanto tempo avremmo avuto bisogno? Come avremmo potuto gestire un cantiere tanto complesso?

Incontrai Pietro per una riunione che durò inaspettatamente solo dieci minuti. Gli dissi che quell'ospedale sarebbe stata la prova del nove del nostro lavoro e avrebbe dovuto essere "scandalosamente bello". Pietro rispose semplicemente: "Ho capito", si alzò e dopo qualche settimana partì con la famiglia per Khartum. Avevamo iniziato a lavorare insieme una decina di anni prima e sapevo che era la persona giusta per questo progetto. In poco tempo mise insieme una squadra: c'era Robi, geometra e friulano, entrambe garanzie di affidabilità e resistenza, e c'era Raul, architetto e scrittore, che dopo una prima missione in

Darfur si era ritrovato con in mano la patata bollente: disegnare un ospedale efficiente, bello, innovativo, sostenibile... senza abbattere neanche uno dei maestosi alberi di mango che svettavano su tutto il compound.

Ci vollero due anni di lavoro matto nella sede in Italia e nel cantiere in Sudan per finire l'ospedale, installare i pannelli solari, tinteggiarlo di rosso e riempirlo di ficus e buganvillee. E, in mezzo, le discussioni su come portare cardiochirurghi in Sudan e quali piastrelle usare, dove trovare i fondi e impedire che in ospedale entrasse anche una sola mosca.

Due anni dopo, il 19 aprile 2007, Sunia, una ragazza di quattordici anni del campo profughi di Mayo, entrò in sala operatoria per la sostituzione della valvola mitrale.

Un'operazione che non avrebbe mai potuto permettersi in una qualsiasi clinica africana – la madre lavorava come addetta alle pulizie –, nonostante fosse la sua unica chance di sopravvivere.

Quella sera, ad aspettare il team all'uscita dalla sala operatoria c'era mezzo ospedale. Infermieri, cardiologi, cardiochirurghi, impiegati dell'amministrazione, cuochi, addetti alle pulizie, tecnici, giardinieri, operai della manutenzione, guardiani, meccanici, tutti avevano contribuito direttamente o indirettamente a quel primo intervento e volevano avere la certezza che il loro lavoro fosse andato a buon fine.

"Kullu tamam", tutto bene. In quel momento ho visto inumidirsi inaspettatamente gli occhi di Pietro – meno inaspettatamente quelli di Rossella e Roberto – e di tanti colleghi già appassionati a quel centro.

Una settimana dopo, Sunia passeggiava nel giardino dell'ospedale, dolorante ma autonoma, sicura. Palme e lauri dovevano ancora crescere – l'avrebbero fatto in fretta, è la valle del Nilo –, ma a me quel pezzo di terra su cui sorgeva un ospedale rosso sembrava già molto simile a una terra promessa.

All'inaugurazione, qualche giorno dopo il primo intervento, partecipò anche Serena insieme con sua figlia. Quell'incontro tra Elena, operata al cuore a Barcellona, e Sunia, operata al cuore a Khartum, avrebbe potuto essere il manifesto perfetto per rivendicare la bellezza del diritto alla cura.

23.
"Serve" e "si può fare"

Ho sempre pensato che l'unico modo di dare una possibilità alla pace sia garantire più diritti per tutti. Il diritto a essere curati è il diritto decisivo, fondamentale, perché fa la differenza tra vivere e morire. In quell'ospedale volevamo dare contenuto a quel diritto e farlo per quante più persone possibili, senza guardare chi erano, da dove venivano, né se potevano pagare. Per questo battezzammo il centro con un nome che era un obiettivo: *Salam*, pace.

Il governo sudanese, che aveva capito questo modo di lavorare e l'aveva apprezzato, decise di appoggiare il progetto contribuendo ogni anno al budget dell'ospedale. Anche dopo il colpo di Stato che nel 2019 ha rovesciato il regime di Omar al-Bashir dopo quasi trent'anni, il sostegno al Salam continua a essere prioritario per le nuove autorità.

Quel contributo indispensabile alla sopravvivenza del centro non ha mai avuto condizioni e ha sempre coperto i costi delle cure dei pazienti, sudanesi o di altri Paesi non fa differenza.

"Senza condizioni" è l'unica condizione che poniamo sempre a chi sostiene i nostri progetti. Siamo medici e non accettiamo che il nostro lavoro sia determinato da altro che dai bisogni dei malati.

Ancora prima di iniziare a costruire questo ospedale, ci siamo trovati di fronte la temibile categoria degli "esperti". Gli esperti hanno sempre qualcosa da dire e quel qualcosa di solito è una critica a quello che hai fatto e che – guarda un po'– andava fatto diversamente.

In questo caso, le critiche erano due: "è inutile", "è impossibile".

"È inutile, in Sudan si muore ancora di morbillo, di malaria..." Al di là di leggere i dati pubblicati sui report delle organizzazioni internazionali, qualcuno ha mai chiesto ai sudanesi di che cosa hanno bisogno, che cosa è utile a loro? In tanti progetti che vengono portati nel Sud del mondo c'è una mentalità colonialista, che è la ragione per cui spesso le organizzazioni umanitarie godono di cattiva fama nei Paesi in cui lavorano. "Money-eaters" è il soprannome di quelle che arrivano con un progetto bello e pronto che pretendono di realizzare a scatola chiusa, solo perché hanno un budget da spendere in fretta.

Il Centro Salam è tutt'altro che inutile: ha operato finora pazienti da trenta Paesi, soprattutto africani, ma non solo. Gente altrimenti destinata a morire su un letto, in una baracca in mezzo al niente, mentre per la maggior parte di loro è bastato sostituire una valvola perché trovassero davanti a sé la possibilità di continuare a vivere, un futuro.

"È impossibile" è una considerazione che si smentisce da sé. Quasi quindici anni di lavoro del Centro Salam hanno dimostrato che costruire un centro di eccellenza in Africa, operare al cuore persone provate da una malattia invalidante associata quasi sempre alla malnutrizione o ad altre patologie, formare medici e infermieri locali richiede fondi, impegno e dedizione enormi, ma si può fare.

Guardando l'esperienza del Centro Salam, sono sempre più convinto che anche in Africa si possa – e si debba – fare una medicina con standard di cura elevati, usando tutta la tecnologia necessaria e compatibile con i mezzi a disposizione.

Doversi misurare costantemente con l'insufficienza cronica delle risorse e l'enormità dei problemi che ci si trova davanti è frustrante, ma se la cura è un diritto umano allora non c'è altra strada che curare tutti, senza discriminazioni, curarli al meglio e gratuitamente.

Non fa per me dividere il mondo tra chi ha diritto solo ad antidolorifici e qualche antibiotico e chi può accedere a qualsiasi trattamento medico avanzato, necessario o superfluo che sia. Eppure, oggi, questo continua ad accadere, in molti Paesi del mondo, dove l'ostacolo all'accesso alle cure non è solo la mancanza del denaro per pagarle, ma la carenza di ospedali e di personale sanitario in grado di garantirle.

E questo, ovviamente, non mette in discussione l'importanza della medicina di base che si occupa di malattie curabili e non curate – malaria, diarrea, tubercolosi sono ancora tra le prime dieci cause di morte al mondo – o condizioni, come la fame, che non sono malattia ma politica, e uccidono ogni anno milioni di esseri umani.

Uguaglianza, qualità e responsabilità sociale possono essere le basi di una medicina rispettosa dei diritti di tutti, come abbiamo scritto nel *Manifesto*[19] elaborato insieme ai ministri della Sanità di molti Paesi africani. Seguendo questi pochi principi, abbiamo iniziato a costruire una rete di centri di eccellenza che rispondono ai bisogni dei loro Paesi e diventano anche dei riferimenti regionali.[20] Il Centro Salam ha dimostrato che è utile, è possibile.

È ora di iniziare a curare tutti, da esseri umani "liberi e uguali".

24.
Ebola, Ebola

Sono abituato ai rischi della guerra, minacce tangibili che hai modo quasi sempre di vedere, anticipare. Anche se l'imprevisto è sempre dietro l'angolo, di solito riesci a scorgere il pericolo, renderti conto di quello che sta per succedere e prendere le tue precauzioni. Non ero abituato all'idea di dover affrontare una minaccia invisibile, un minuscolo virus chiamato Ebola che alla fine del 2013 ha deciso di fare il salto da qualche animale ospite, per la cui specie era innocuo, a un essere umano. E l'ha fatto in un pezzo di mondo devastato dalla povertà, tra Guinea, Liberia e Sierra Leone, dove si è diffuso silenziosamente al punto che i governi e le istituzioni internazionali non hanno avuto nessuna fretta di fare qualcosa per molti mesi.

Sul finire dell'estate del 2014 ricevetti una telefonata di Luca, coordinatore degli ospedali in Sierra Leone: "Michael, il pediatra, è risultato positivo a Ebola". Rimasi senza fiato. Mentre si organizzava il suo trasferimento in un ospedale attrezzato in Germania, decisi di partire per la Sierra Leone.

Il nostro centro chirurgico e il centro pediatrico di Goderich, appena fuori dalla caotica e affollata capitale, erano gli unici due veri ospedali della zona, e sarebbe stato un disastro se il virus fosse riuscito a entrarci. I rischi di errore nel triage erano altissimi perché, del centinaio di bambini che venivano visitati ogni giorno, almeno la metà aveva la diarrea o la febbre alta. Tutti sintomi compatibili con quelli di Ebola. Il team era teso, preoccupato. C'erano già stati tanti morti fra medici e infermieri delle strutture pubbliche che si erano trovati ad affrontare il virus praticamente a mani nude.

Ebola non è un virus molto contagioso, ma l'infettività è alta e il decorso della malattia drammaticamente veloce.

"Io lo so, moriremo tutti," ripeteva ogni sera "la Giovannella", anestesista di Emergency da molti anni, un po' per scherzare e un po' per dare voce all'angoscia di tanti davanti a una malattia che sembrava non lasciare scampo. In quel periodo il mio personale modo di superare l'angoscia erano quaranta Marlboro al giorno, sentivo la responsabilità di tutta quella gente come un macigno e fumare aiutava a rilassarmi. I rimpianti non fanno per me, non ho mai pensato che fosse sensato averne, ma per quanto sia convinto del lavoro che abbiamo fatto in Sierra Leone, non posso far finta di non sapere che mi è costato anni di vita oltre a quei mesi trascorsi a Goderich.

Appena arrivato, partecipai a qualche riunione di coordinamento tra funzionari del ministero della Sanità, dell'Oms, esperti dei centri di prevenzione e controllo, organizzazioni umanitarie. Quelli che dovrebbero essere in grado di gestire la risposta a situazioni di crisi, per farla breve. Ne uscii con un senso di rabbia mista a disgusto.

No touch care, cura senza contatto, era la parola d'ordine che veniva pronunciata come un mantra dall'inizio dell'epidemia: non sapendo come trattare la malattia e conoscendo i rischi enormi del virus, i medici si limitavano a isolare i pazienti per contenere il contagio e osservarli per pochi minuti al giorno. Ogni tanto dei liquidi per via orale – una bottiglia d'acqua, Coca-Cola per i più fortunati. Anche procedure minimamente invasive come prendere una vena, mettere un catetere in vescica, erano considerate "impraticabili". La comunità degli "esperti" era preoccupata per i frequenti episodi di fuga dei pazienti dai centri di contenimento: davvero erano sorpresi che un malato preferisse rischiare di morire a casa sua invece che essere sicuro di morire in una tenda soffocante, in mezzo a decine di altri sofferenti? E poi, certo, facevano la loro parte le tante superstizioni della Sierra Leone, il timore che Ebola fosse un trucco del governo e dei "bianchi" per fare soldi o per offrire un sacrificio a qualche entità sconosciuta. Prima di giudicare i sierraleonesi, faremmo bene a guardarci intorno.

Da medico, non potevo accettare la scelta deliberata di non avere nessun contatto con i pazienti e attrezzammo a Lakka un primo centro per la cura dei malati. Erano solo una ventina di posti letto sotto pesanti tende blu, ma almeno potevamo iniziare a fare qualcosa. Le procedure di protezione delle strutture e dello staff erano maniacali, ossessive. Tute protettive, visiere, mascherine, doppi guanti, fiumi di candeggina, un monitoraggio rigido delle procedure di vestizione e svestizione e l'attività incessante dei logisti. Era un lavoro durissimo per tutti, quello in zona rossa, per ore chiusi in uno scafandro che accumulava un caldo insopportabile, ma indispensabile per curare i malati.
Una mattina trovammo fuori dai cancelli del centro la famiglia Sesay, padre, madre, due figli, il più piccolo avrà avuto cinque o sei anni. Quattro corpi di-

stesi, stremati da Ebola. Il centro era pieno, non potevamo ricoverarli e io mi sentivo impotente, frustrato. Non era giusto, non era umano vedere delle persone in quello stato e lasciarle per terra ad aspettare che un letto si liberasse per la guarigione o la morte di qualcun altro.

Verso sera riuscimmo a ricoverare la madre e il figlio piccolo, che sembravano i più gravi; il padre e l'altra figlia rimasero fuori, ancora a terra, non sapevano dove andare e non potevano fare niente altro che aspettare. Uscii dal centro poco dopo, pioveva a dirotto. Guardai padre e figlia malati e fradici: alla frustrazione si aggiungevano la rabbia, l'impotenza e non riuscii a sostenerne la vista che per qualche secondo.

Al mattino dopo erano ancora lì, tremanti. A loro si era aggiunto un altro malato di Ebola, altri due sarebbero arrivati qualche ora dopo.

Nel frattempo un uomo era guarito e una donna era morta: padre e figlia potevano essere ricoverati. Per gli altri c'era solo da sperare che riuscissero a sopravvivere all'attesa.

Mentre i numeri dei contagi crescevano, sentivo che stavamo svuotando il mare con un cucchiaino.

La vera svolta avvenne grazie al Dfid (Department for International Development), la cooperazione inglese, e al genio militare britannico. Il Regno Unito aveva interessi economici enormi nel Paese, a partire dalle miniere di diamanti, ed era disposto a un investimento gigantesco di risorse per mettere l'epidemia sotto controllo.

Un dispiegamento di persone e mezzi che non avevo mai visto prima nella mia vita.

Con i loro fondi sviluppammo il progetto di un vero ospedale in un terreno dell'ex Comitato olimpico, cento posti letto che avremmo potuto gestire come volevamo. Avevamo l'occasione di fare un salto di qualità nella cura dei pazienti e decidemmo di allestire nel nuovo ospedale una terapia intensiva vera, dove curare i malati critici con strumenti adeguati, ventilatori e macchinari per la dialisi… Attrezzature non disponibili in Sierra Leone, ma ordinarie in qualsiasi ospedale occidentale, come quelli dove erano stati curati Michael e Fabrizio, l'infettivologo che si era ammalato poco dopo il mio arrivo e che era stato trasferito all'Istituto Lazzaro Spallanzani, a Roma. Entrambi si erano salvati.

Dei malati curati nei Paesi occidentali, i sopravvissuti erano quattro su cinque; di quelli trattati negli ospedali africani, solo uno su quattro. Un risultato prevedibile.

Accettavo ovviamente che non esistesse una terapia specifica per Ebola per nessuno, anche se un farmaco sperimentale – lo Zmapp – aveva suscitato qualche speranza. Ma in Sierra Leone non c'era neanche la possibilità di cure intensive per sostenere gli organi e le funzioni vitali in modo che l'organismo avesse il tempo di sviluppare da solo la sua risposta.

Era la spietata evidenza di un mondo diviso in due, tra ricchi che possono avere il massimo dell'assistenza disponibile e poveri che devono rassegnarsi a morire senza fare rumore.

L'ospedale fu pronto in sei settimane con un investimento da parte del Dfid di oltre 6 milioni di euro. Un team di anestesisti esperti e motivati – Gina, coordinatrice del progetto, Martin, Antonio, Paola e "la Giovannella" – ha passato in zona rossa mesi pesantissimi, ma alla fine è riuscito a offrire cure vere ai malati, seppure in condizioni opprimenti.

Come tanti altri lavori, anche quello del sanitario presuppone un rischio: in quella terapia intensiva, avevamo trovato l'equilibrio fra la salvaguardia del medico e la cura del paziente, che è e rimane priori-taria, perché è la ragione dell'esistenza stessa del medico.

A Freetown non c'erano tutte le risorse, il personale specializzato, l'equipaggiamento disponibili a Roma, ma questo non significava dover scegliere tra la cura e l'abbandono. In quei mesi tra il 2014 e il 2015 abbiamo dimostrato che un approccio diverso alla malattia di Ebola è possibile ed – essendo possibile – è l'unico accettabile sul piano etico.

25.
La vera bellezza

Ci sono persone che ti sembra di conoscere da sempre e una di queste per me è Renzo Piano. Nonostante non ci fossimo mai incontrati, alla morte di Teresa, nel 2009, mi scrisse una lettera intensa e affettuosa e il nostro rapporto è stato così, intenso e affettuoso, anche nelle tante telefonate che si sono susseguite fino al nostro primo appuntamento. Uno a Khartum, l'altro a Genova, Parigi o New York, sempre qualche migliaio di chilometri a dividerci, ma vicini almeno nei pensieri.

Qualche anno dopo la sua lettera, chiamai Renzo per proporgli di disegnare un nuovo ospedale, un centro chirurgico pediatrico in un Paese, l'Uganda, dove ci sono quattro chirurghi pediatrici per venti milioni di bambini. Non ci fu bisogno di insistere. Ora Renzo sostiene che fu impossibile dirmi di no, ma in realtà lui e il suo team si incuriosirono subito di questa idea un po' folle e accettarono di sviluppare il progetto gratuitamente già la prima volta che con Pietro, Rossella e Raul mettemmo piede nel suo studio a Genova.

Come feci qualche anno prima per il Centro Salam, anche a Renzo chiesi di disegnare un ospedale "scandalosamente bello". Aveva funzionato con Pietro una volta, avrebbe funzionato con Renzo, ne ero sicuro.

"Scandalo" e "bellezza", due parole che insieme sono rivoluzionarie. Quell'ospedale doveva essere scandalosamente bello perché doveva essere la denuncia tangibile di una tendenza in voga nel mondo degli aiuti umanitari.

Guardando ai disperati bisogni dell'Africa, c'è chi pensa che qualsiasi cosa vada bene, che qualsiasi cosa sia "meglio che niente". Ho sempre voluto ribaltare questo concetto insensato: non ha senso portare in Africa "il meglio che niente", ma "il meglio".

Il modo migliore per praticare l'eguaglianza – e per praticarla anche in Africa – è dimostrare a chi aiutiamo che lo consideriamo uguale a noi con i fatti, concretamente. Condividere i migliori risultati che abbiamo raggiunto in tutti i campi, dall'architettura alla medicina, per dare un segnale inequivocabile: la volontà di portare loro esattamente quello che vorremmo per noi stessi. La bellezza, ad esempio.

"Questa parola ci è stata sottratta," mi disse Renzo mentre disegnava uno schizzo con il suo leggendario pennarello verde. "In un mondo così tragico, ormai ci vergogniamo di parlare di bellezza perché sembra una cosa frivola, leggera, ma è sbagliato. In realtà il bello è la massima aspirazione dell'uomo." Negli anni ottanta aveva fatto un progetto con Léopold Senghor, poeta e allora presidente del Senegal. Senghor gli disse che in nessuna lingua africana esiste la parola "bello" disgiunta dalla parola "buono": una cosa bella è anche buona; se non è bella, non è buona. Mi tornò in mente la *kalokagathia*, che tanto mi aveva affascinato durante le lezioni di greco al liceo, e sentii che eravamo sulla strada giusta.

Dopo un primo sopralluogo del terreno che il governo ugandese ci aveva messo a disposizione, l'entusiasmo schizzò alle stelle: dodici ettari di verde sul Lago Vittoria, a milleduecento metri di altezza. Una meravigliosa terra rossa scatenò la fantasia di Renzo, che decise di costruire tutto l'ospedale in *pisé*, un metodo tradizionale che usa la terra cruda per migliorare l'inerzia termica dell'edificio. L'ispirazione era stata contagiosa, tutto il team si diede da fare per cercare la soluzione migliore, Raul si fece quasi arrestare alla frontiera portando una valigia piena di terra per le analisi. Una sfida nella sfida.

Ho un mio metro personale per valutare la difficoltà di un progetto: guardare quanto si imbianca la testa di Pietro, e anche questa volta perse almeno due livelli nella scala dei grigi.

Tutto era al di sopra delle aspettative – il terreno, il progetto, il team –, ma mancavano ancora dei fondi per iniziare i lavori; così rimanemmo fermi qualche anno, cercando di coinvolgere chiunque potesse darci una mano. Finalmente arrivò Paola Coin, che aveva visto un documentario sul nostro lavoro in Sudan e da quel momento decise che voleva costruire un ospedale per bambini in Africa. Senza il suo contributo eccezionale in memoria dei suoi genitori, senza la sua voglia di capire e di darsi da fare per rendere un po' migliore la vita di chi è stato più sfortunato di lei, probabilmente saremmo ancora lì a cercare fondi per avviare il cantiere.

Con i suoi muri di terra rossa, le vetrate spalancate sul lago, il tetto di pannelli solari, l'ospedale è stato pronto due anni e mezzo dopo l'inizio dei lavori. Come Renzo aveva deciso, alberi di jacaranda cresceranno nel cortile riempiendolo di viola nei mesi della fioritura. È un ospedale bello, che supera ogni aspet-

tativa, ma la vera bellezza di quel posto sono i bambini che ci sono dentro, le loro famiglie, che finalmente
riceveranno le cure di cui hanno bisogno, ritrovando
un po' di speranza e senza l'angoscia di doversi inde-
bitare per il resto della vita.

Guariranno, o almeno vivranno un po' meglio, e
aiutare qualcuno a vivere un po' meglio alla fine è il
vero senso di tutto.

26.
Il business della malattia

La prima volta che misi piede al Connaught Hospital, il principale ospedale di Freetown, in Sierra Leone, vidi all'ingresso un cartello bianco e rosso un po' sgualcito. Somigliava a uno di quei manifesti con il menu della serata, appesi dietro alla cassa del ristorante alle feste dell'Unità. In effetti anche quello era un listino prezzi, solo che c'erano visite, interventi chirurgici, esami al posto di salamelle, pasta al ragù e birra media alla spina.

Non ricordo i prezzi esatti, ma una sensazione di disgusto mi aveva preso alla gola pensando che la gente che vedevo lì intorno difficilmente avrebbe potuto rinunciare a sei, sette mesi di salario per pagare un'appendicectomia e probabilmente sarebbe morta nella sua baracca, soffrendo come un cane.

In Sierra Leone l'aspettativa di vita alla nascita è di cinquant'anni, in Italia di ottantadue.

Fra i tanti motivi che determinano questi numeri così spaventosamente diversi, l'accesso a cure gratuite ed efficaci è decisivo. Ci sarebbe da ringraziare tutti i giorni Tina Anselmi, che volle il Sistema sanitario nazionale nel 1978, e continuare a investire per migliorarlo, e invece.

E invece la medicina italiana non sta bene. È un malessere che va avanti da un po' di anni, ormai cronico. Ogni tanto si acutizza, tutti corrono al capezzale del moribondo, e poi si torna alla normalità in quattro e quattr'otto. Secondo un recente Rapporto Istat,[21] circa quattro milioni di italiani hanno rinunciato a curarsi per ragioni economiche. Quattro milioni di persone escluse, private di un loro diritto.

Nel 2000, l'Organizzazione mondiale della sanità aveva dichiarato il Sistema sanitario italiano il secondo migliore al mondo, dopo quello francese, per qualità e universalità delle cure.

Che cosa è successo, come e perché si è arrivati fin qui?

Ci deve essere stato un cambiamento culturale. Per molti secoli, in tutte le culture la medicina si è sviluppata per curare gli ammalati, o i feriti, per salvare vite umane o alleviarne le sofferenze. A un certo punto, inspiegabilmente, ha iniziato a cambiare. Forse il cambiamento è nato da una constatazione banale: che tutti noi prima o poi nel corso della vita abbiamo bisogno di un medico. Sarebbe stato naturale, sensato, concludere che, proprio perché rispondono a un bisogno comune, le cure mediche debbano essere di alta qualità, pubbliche – cioè di tutti –, e per questo gratuite per tutti.

Invece qualcuno è arrivato a una conclusione diversa: se è certo che ognuno di noi prima o poi avrà bisogno di un medico, allora ognuno di noi è potenzialmente cliente di un mercato, quello della salute, enorme. Potremmo dire illimitato, dal momento che essere curati è un bisogno di tutti, e non un lusso a cui si può sempre rinunciare.

Di fronte a possibilità di guadagno colossali, investitori del settore e politici, con la complicità di molti medici, hanno costruito un sistema sciagurato che ha trasformato la cura da diritto umano fondamentale a fornitura di un servizio.

Sia chiaro: non sto parlando di un sistema illegale, di criminalità organizzata che agisce nei meandri nascosti degli ospedali. Al contrario, avviene tutto alla luce del sole, con il beneplacito delle istituzioni che gestiscono la sanità.

Obiettivo e strategia sono elementari: guadagnare molto – miliardi di euro – sulla malattia anziché sulla salute dei cittadini. Come? Con un po' di creatività, nella pratica medica si sono fatti strada interventi non necessari, indagini diagnostiche non giustificate, terapie costose a fronte di benefici opinabili... esempi di un modus operandi che promuove il "business della malattia" e ingrassa l'industria della salute.

Invece di riconoscere anche economicamente l'impegno esclusivo dei medici nel Servizio sanitario nazionale, sono stati introdotti meccanismi – le compartecipazioni e la libera professione intramoenia – che premiano l'esecuzione di prestazioni spesso inutili per il paziente e che creano discriminazioni economiche tra malati.

E soprattutto le convenzioni. "La concorrenza tra pubblico e privato è garanzia di migliori prestazioni per i pazienti," dichiaravano presidenti di Regioni che si sono affrettate a convenzionarsi con cliniche, ospedali, laboratori privati, sottraendo fondi e finanziamenti alle strutture pubbliche per consentire a imprenditori del settore di guadagnare sulla malattia dei cittadini.

Chi vuole investire nella medicina deve essere libero di farlo, ovviamente nel rispetto delle regole e della deontologia medica, ma deve farlo contando sulle sue forze, assumendosi i rischi della sua impresa. E invece il rischio è compensato dai fondi garantiti dalle convenzioni stesse. Perché, alla fine, chi esalta l'iniziativa privata spesso campa e guadagna con i soldi concessi dal pubblico.

Come può lo Stato garantire cure gratuite a tutti coloro che ne hanno bisogno se ogni anno spende decine di miliardi di euro nelle convenzioni? Non conosco imprenditori tanto sprovveduti da regalare una quota così consistente dei loro investimenti a un diretto concorrente.

Intanto, nelle strutture sanitarie pubbliche, i primari fanno corsi da manager, i direttori sanitari sono imprenditori, gli ospedali sono diventati aziende ospedaliere, i cui reparti vengono finanziati non sulla base dei risultati di salute per i pazienti, ma delle procedure eseguite. Parte del personale è sottopagata e mantenuta in un precariato permanente con contratti a termine: "Bisogna tagliare i costi" è il mantra che risuona negli uffici dove si decide.

Che senso ha parlare di denaro e profitto quando si ha a che fare con una persona che soffre?

27.
Paziente anche io

Negli ultimi tempi ho conosciuto la sanità italiana dall'altro lato della barricata.

Sono un paziente mio malgrado, per i tanti problemi che ho sempre trascurato e che mi hanno presentato il conto con l'aggravante di anni di interessi. "Ne abbiamo un intero catalogo," sdrammatizza Simonetta mentre divide con me anche questo pezzo scomodo dell'esistenza con una forza che mi sorprende, soprattutto nei momenti peggiori.

Appena ho pensato che volevo trascorrere il resto della mia vita insieme a lei, ho cercato di recuperare il tempo perso. Io e la mia stupida presunzione. Ho passato cinquant'anni tra ospedali e sale operatorie, ma non avevo mai concepito, non avevo mai accettato, di essere io il malato.

Sono il paziente privilegiato di un grande ospedale – il Policlinico di Milano –, dove avevo mosso i miei primi passi nella medicina. È cambiato molto rispetto a quando lo frequentavo con il camice addosso, ma girare tra i reparti è ancora un'esperienza familiare. Con gli amici che tuttora ci lavorano parliamo raramente del passato che ci ha legato e molto del presente: ci eravamo lanciati nella professione medica in anni in cui la medicina era uno strumento per la rivoluzione e adesso si ritrovano a dover fare i manager alle prese con costi e ricavi, ingerenze politiche più o meno dirette, organici insufficienti e avvocati in corsia.

Vedono la fine di un'era, l'hanno già vista: "il paziente al centro" si dice retoricamente in ogni convegno che si rispetti ma, a guardare bene, al centro adesso ci sono soprattutto bilanci e opportunità politiche. La maggior parte di loro deve battersi ogni giorno per difendere quel che resta della sanità pubblica in una Regione che ha fatto della sanità privata il suo vessillo. "Diamo ai lombardi la possibilità di scegliere" era il motto di un potentissimo presidente di Regione, mentre dava il via alla svendita della sanità pubblica, aprendo a convenzioni milionarie con investitori privati di ogni genere. Togliere risorse al pubblico per darle al privato somiglia più a un sabotaggio che a un incremento delle possibilità di cura per il cittadino, eppure il modello è stato esportato con successo in tutta Italia come una conquista di libertà. Che poi la libertà sia quasi sempre solo uno specchietto per le allodole non sembra interessare a nessuno.

E infatti il settore pubblico soffre, con liste di attesa sempre più lunghe, scarsi investimenti e una competizione voluta dal sistema e già viziata all'origine perché tutto quello che non rende viene scaricato sulle spalle del pubblico, mentre il privato può scegliere in cosa specializzarsi a seconda della convenienza del piano dei rimborsi.

Mentre aspettiamo il mio turno in corridoio, mi piace guardarmi attorno. Vedo medici e infermieri che fanno salti mortali senza mollare mai, neanche quando sarebbe molto più comodo o molto più redditizio. La vedo questa sanità pubblica che potrebbe essere una meravigliosa conquista di civiltà e invece va avanti soprattutto grazie alla forza e alla convinzione di tanti che ci lavorano e non si arrendono.

Anche qui possiamo far finta di niente, ma ci arriverà il conto con anni di interessi e sarà troppo tardi. Anzi, il conto è già arrivato.

28.

Un'epidemia di prova

Il 2 febbraio 2020 siamo partiti per Seul, dove si teneva il World Summit 2020, un incontro organizzato dalla Universal Peace Federation per confrontarsi su pace e conflitti con diplomatici, ministri, capi religiosi e circa quattromila persone da tutto il mondo.

Qualche giorno prima erano stati scoperti i primi due casi di Covid-19 in Italia, due turisti cinesi ricoverati in emergenza all'Istituto Spallanzani, e al check-in di Korean Air dell'aeroporto di Malpensa tutti i passeggeri coreani indossavano già mascherine chirurgiche con grande attenzione. "Esagerati," ho pensato.

Non immaginavo allora quanto mi stessi sbagliando.

Ancor prima che venisse dichiarata la pandemia, l'Italia si trovò a gestire una situazione per la quale era totalmente impreparata. Non c'erano strumenti di protezione fondamentali – tute e mascherine –, neanche per il personale sanitario, non c'erano abbastanza letti nelle terapie intensive, non c'erano ventilatori. Non c'erano soprattutto medici e infermieri, una carenza grave, impossibile da rimediare in tempi tanto brevi quanto quelli a cui eravamo costretti. Scoprimmo poi che l'Italia non aveva neanche un piano pandemico. O meglio: ne aveva uno, ma non aggiornato. Erano tutte conseguenze inevitabili dello stato di emergenza in cui si trovava mezzo mondo? Solo in parte: quello che ci veniva sbattuto in faccia in quei giorni era anche il risultato di anni di tagli al Sistema sanitario nazionale, che tra le altre cose aveva portato allo svuotamento dell'assistenza territoriale a vantaggio dei cosiddetti "centri d'eccellenza" e di cure sempre più costose e non sempre efficaci.

La Regione Lombardia – medaglia d'oro della privatizzazione della sanità – si era ritrovata a fare appello anche alle tanto vituperate Ong per avere medici e infermieri da inserire nei suoi ospedali. In Emergency ci siamo consultati velocemente, eravamo convinti che chiunque potesse dare una mano in quel momento di emergenza dovesse offrirla e così abbiamo risposto alla chiamata. Dall'oggi al domani, tutto lo staff sanitario ha iniziato a lavorare sui progetti Covid, mettendo a disposizione in Italia l'esperienza che aveva maturato in Sierra Leone durante l'epidemia di Ebola.

Dopo aver aperto una terapia intensiva a Bergamo, abbiamo collaborato con situazioni di comunità, dai centri di accoglienza ai dormitori per senzatetto, per prevenire il contagio dove il distanziamento è quasi impossibile da garantire. Perché il virus non è democratico per niente: un conto è isolarsi in una bella casa da duecento metri quadri, un altro è mantenere le distanze in una stanzetta con i bagni in comune.

A Milano e in altre città abbiamo avviato un programma di consegne di beni di prima necessità e aiuti alimentari per chi non sapeva come andare avanti.

Eravamo immersi fino al collo in quella che Merrill Singer, medico e antropologo, negli anni novanta definì "sindemia", la presenza di due o più malattie concomitanti. "Le sindemie sono la concentrazione e l'interazione deleteria in una popolazione di due o più malattie o altre condizioni di salute, soprattutto come conseguenza della diseguaglianza sociale e dell'esercizio ingiusto del potere."[22] Esattamente quello che stavamo vedendo in quei mesi, la combinazione di una malattia di tipo virale – il Covid-19 – e una malattia di tipo sociale, la povertà, in cui era sprofondata una parte delle nostre città, quella dei lavoratori del terziario, dei precari, delle persone sole.

I primi mesi, durissimi, erano diventati sopportabili solo grazie a manifestazioni di solidarietà straordinarie, che ci avevano fatto sentire tutti membri di una società solida, unita. Poi, avvistati i primi segnali di miglioramento, siamo tornati al punto di partenza.

"La sanità ha costi insostenibili" era la tesi di fondo in tanti dibattiti, come se la discussione dovesse concentrarsi solo sulle risorse disponibili e non sui bisogni reali dei cittadini.

Dov'erano finiti tutti i buoni propositi frutto della sofferenza e dell'angoscia dei mesi precedenti? Nessuno sembrava ricordarsi del numero impressionante di degenti delle residenze socio-assistenziali morti per decisioni folli e superficialità. Delle persone contagiate costrette a rimanere a casa senza neanche poter essere visitate da un medico o ricevere l'ossigeno indispensabile per sopravvivere. Dei documenti della Società italiana di anestesia, che denunciavano l'eventualità di dover decidere chi ricoverare nelle terapie intensive. Delle facce stravolte dei medici e degli infermieri costretti a turni massacranti per compensare il sotto-organico cronico delle loro strutture. Del bollettino delle 18 dei morti e dei contagiati, dove le informazioni degli scienziati si perdevano nei presenzialismi e nelle indecisioni della politica. Delle differenze tra sanità regionali, che non garantivano lo stesso livello di prestazioni ai cittadini del Veneto e del Molise. Delle famiglie che con le chiusure avevano perso il lavoro – spesso già precario – e con quello l'unica possibilità di un reddito con cui tirare avanti, senza neanche sapere fino a quando sarebbe durata l'emergenza.

Ci siamo dimenticati di tutto ciò e siamo tornati a considerare la sanità una spesa da contenere e non un diritto da garantire. E invece, di quale sanità avrebbero bisogno le persone? Semplice: una sanità pubblica, unica e non regionale, gratuita e di alta qualità.

E quanto deve spendere lo Stato per realizzarla? Quanto serve: non un euro in più, non un euro in meno.

"Piacerebbe a tutti, ma l'Italia non può più permettersela," quante volte mi sono sentito rispondere in questo modo.

Il Sistema sanitario italiano era considerato uno dei migliori al mondo, poi è iniziato il periodo dei tagli lineari e del progressivo definanziamento. La spesa sembra crescere ogni anno, anche se di poco, ma lo fa in relazione ai valori dell'anno precedente, non in base ai bisogni reali che la società manifesta.

Le risorse per riportare il Sistema sanitario nazionale al livello necessario a garantire il diritto alla cura delle persone ci sarebbero. Anzi, ci sono: basterebbe cancellare dal budget della sanità pubblica i fondi destinati al privato, eliminando, ad esempio, le convenzioni.

Ma c'è anche un altro intervento "strutturale" alla portata dei nostri governanti: sottrarre al settore militare un po' delle risorse smisurate di cui gode. Anche di fronte agli enormi bisogni sanitari e sociali generati da questa pandemia, nel 2021 la spesa militare è aumentata rispetto al 2020. Dell'8 per cento, non spiccioli.

Non sopporto la retorica militarista della pandemia: "vinceremo la guerra", "i nostri medici in trincea", "una battaglia che non possiamo perdere". Sono paragoni inutili e insensati perché la guerra è una scelta degli esseri umani, la pandemia no, perché in guerra puoi morire da un momento all'altro o essere picchiato, torturato, morire di fame o per il freddo. In ogni caso, ho una cattiva notizia per chi continua a sentirsi in guerra: contro il Sars-CoV-2, gli F35 e i sistemi d'armamento avanzati non servono a niente.

29.

A sud

"Faresti il commissario straordinario alla Sanità in Calabria?"

La voce del presidente della Commissione parlamentare antimafia aveva interrotto la mia domenica di calcio in televisione di fine novembre del 2020. "La Calabria è in una situazione disperata, chiederò al ministro di chiamarti."

Il commissario precedente "era stato dimesso" in fretta e furia dopo che in un'intervista aveva riconosciuto candidamente di non sapere di avere la responsabilità dell'attuazione del piano per il potenziamento della rete ospedaliera di emergenza mentre la sua regione entrava in zona rossa. E la Calabria entrava in zona rossa proprio per la gravissima impreparazione del Sistema sanitario regionale, non perché ci fosse un reale picco di contagi.

Nel turbinio delle chiamate di quella domenica e dei giorni seguenti, né il ministro della Salute né il presidente del Consiglio mi proposero quell'incarico, ma mi invitarono a dare una mano per potenziare la capacità di risposta al Covid-19 in Calabria.

In quei giorni, il telefono non smetteva mai di suonare: amici medici, giornalisti, cittadini, tutti si offrivano di fare qualcosa ancora prima che il mandato fosse definito.

L'annuncio dell'arrivo di Emergency in Calabria era stato accolto con un entusiasmo stupefacente da parte dei cittadini che si aspettavano di veder realizzato il piano di gestione dell'emergenza: aumento dei posti letto in terapia intensiva e sub-intensiva, integrazione di medici e infermieri nei reparti cruciali, apertura di Covid hotel e rafforzamento dell'assistenza domiciliare. Mentre il balletto per la nomina del commissario straordinario continuava a un ritmo imbarazzante, tanti calabresi perbene speravano che quell'incarico fosse il primo passo per lasciarsi alle spalle i disastri di una sanità commissariata da troppi anni.

La Protezione civile ci propose di allestire un secondo reparto Covid all'ospedale San Giovanni di Dio, a Crotone. "Iniziamo, poi si vedrà," mi dicevo mentre recuperavo informazioni sulla situazione della regione.

La Calabria è l'emblema della diseguaglianza sanitaria in Italia, e nel mondo. Nonostante la gestione della sanità sia stata attribuita alle Regioni nel 2001, quella calabrese è commissariata dal 2010. Ovunque la sanità è un settore in cui prospera il clientelismo e si produce consenso, ma in Calabria è anche una formidabile macchina da soldi che fa gli interessi di 'ndrangheta, politica, imprenditoria e massoneria. L'azienda sanitaria di Reggio Calabria è un caso paradigmatico: nessun bilancio disponibile dal 2013 al 2018, pagamenti doppi o tripli delle fatture ai fornitori e scioglimento della Asp stessa nel 2019 per infiltrazioni mafiose.

Il piano del 2010 per iniziare il rientro del debito prevedeva un taglio del 60 per cento dei posti letto e la chiusura di diciotto ospedali. Una mossa che ha preparato il terreno per la sanità privata convenzionata e ha fatto precipitare la Calabria alla penultima posizione in Italia per livelli essenziali di assistenza, i Lea. In poche parole, ai calabresi non sono garantite le prestazioni che il Servizio sanitario nazionale deve offrire a tutti i suoi cittadini per legge. E, infatti, ogni anno, sessantamila calabresi vanno al Nord per curarsi, pesando ulteriormente sulle casse della Regione che spende più di 300 milioni di euro per coprire i costi delle prestazioni erogate da Lombardia, in primis, ma anche da Veneto e Toscana. Il volo Pisa-Lamezia di Ryanair è diventato il simbolo di questi viaggi della speranza, ma dover fare il check-in per essere curati è uno scandalo inaccettabile in un Paese la cui Costituzione recita: "La Repubblica tutela la salute come fondamentale diritto dell'individuo e interesse della collettività".

L'articolo 32 è l'unico della Costituzione in cui un diritto viene definito fondamentale e non è un caso: senza la salute si muore e allora non ha più senso parlare di altri diritti.

Il Vittorio Cosentino, l'ospedale di Cariati, provincia di Cosenza, è stato chiuso in ottemperanza al piano di rientro nonostante avesse i conti in attivo. Dopo il decreto di chiusura, quasi tutti i servizi sono stati smantellati e sono sopravvissuti solo alcuni ambulatori, un punto di primo intervento e una residenza per anziani. Il pronto soccorso più vicino è a Corigliano-Rossano, a quaranta minuti di distanza, il secondo a Crotone, a circa un'ora. Nessuno dei due ospedali ha l'unità di emodinamica: in caso di infarto o di ictus, la situazione si fa complicata perché bisogna andare a Castrovillari, una novantina di chilometri sulla statale 106. Ottantamila persone, che diventano duecentomila d'estate, non hanno un ospedale vicino. In compenso in zona ci sono tre cliniche private.

"Qui è come se ci fosse il Covid da dieci anni," mi dice Mimmo con ironia e rabbia, riferendosi al fatto che per lui e gli altri cariatesi è impossibile ricevere anche i servizi essenziali da prima del caos seminato dalla pandemia.

Mimmo è un volontario dell'associazione Le Lampare, quelle barche che pescano di notte, con la luce a poppa, e a suo modo anche l'associazione sta aprendo una strada nel buio. Con gli altri volontari, ha deciso di occupare l'ospedale proprio nel novembre del 2020, un tentativo, estremo, di difendere il loro diritto a essere curati e di resistere anche contro la perdita di posti di lavoro che sta portando il paese allo spopolamento. In questo mondo alla rincorsa del profitto, i diritti o li eserciti, li rivendichi, o rischi di perderli.

Per Emergency sarebbe stato uno sforzo enorme, ma ci era sembrata un'occasione irripetibile. Prendere in gestione l'ospedale ci avrebbe permesso di mettere alla prova in Italia il nostro modello di sanità: cure gratuite ed efficaci senza profitti e senza sprechi.

Diedi la nostra disponibilità al commissario e a qualunque interlocutore incontrassi, ma nessuno raccoglieva la proposta.

"Ci abbiamo provato," mi viene da dire guardando quei mesi girati a vuoto fra troppe risposte mancate. Abbiamo allestito e gestito per qualche mese un secondo reparto Covid presso l'ospedale di Crotone come ci era stato chiesto, e niente più.

A volte, è più facile aprire un ospedale a Kabul.

30.
Il vaccino diseguale

La collana "Medicina e potere" dell'editore Feltrinelli aveva portato pagine rivoluzionarie tra noi studenti di Medicina negli anni settanta. Era curata da Giulio Alfredo Maccacaro, direttore dell'Istituto di Biometria e Statistica medica dell'Università di Milano, che tutti ammiravamo per il valore scientifico del suo lavoro e l'impegno civile militante. Maccacaro rifiutava che il medico fosse concentrato solo sulla biologia del corpo di un individuo senza tenere conto dei determinanti sociali e strutturali della malattia. La tubercolosi è causata dal bacillo di Koch, ma quanto influiscono la malnutrizione e un'abitazione insalubre nello sviluppo della malattia? Questo era il modo di pensare di Maccacaro, che voleva far uscire la medicina dalle università perché potesse cambiare la società radicalmente, tra la gente.

Avevo spesso riflettuto sulla mia esperienza di chirurgo di guerra alla luce di una delle sue lezioni fondamentali: se la medicina non esercita anche un compito politico, allora rischia di essere "un banale lavoro di riparazione dei guasti".

La lotta di Maccacaro contro la disuguaglianza sanitaria e la connivenza tra scienza e potere mi è tornata spesso in mente durante questa pandemia. Mentre scrivo, il 70 per cento dei vaccini contro il Covid-19 è stato utilizzato nei Paesi ad alto reddito, nei Paesi a basso-medio reddito, invece, neanche l'1 per cento. E se in Europa si discute della possibilità della quarta dose del vaccino, in Eritrea e Burundi la campagna vaccinale non è neanche iniziata. Chi tre dosi, chi nessuna, quindi.

Moderna e BioNTech, le aziende che hanno sviluppato i due vaccini a mRna a oggi più efficaci in circolazione, hanno venduto oltre il 90 per cento dei loro prodotti ai Paesi ricchi e a un prezzo molto superiore a quello di produzione – da 4 a 24 volte – con guadagni di milioni di dollari l'ora.

Possono farlo. Le norme sulla proprietà intellettuale assicurano alle aziende farmaceutiche il monopolio della produzione e, di conseguenza, la politica dei prezzi è solo in mano loro. Chi può pagare si aggiudica tutte le dosi che vuole, chi non può non riesce ad acquistare neanche quelle essenziali.

Non sono così ingenuo da pensare che il rispetto dei diritti umani e il miglioramento della salute pubblica siano obiettivi degli azionisti delle aziende farmaceutiche – figuriamoci la generosità –, ma una distribuzione equa dei vaccini è un'opzione intelligente anche dal punto di vista sanitario.

Se questa segregazione vaccinale continuerà, oltre ad avere centinaia di migliaia di morti che sarebbero potuti rimanere vivi, offriremo al virus la possibilità di subire mutazioni che potrebbero rendere meno efficaci i vaccini esistenti. E anche noi vaccinati fortunati del mondo ricco rischieremo di tornare al punto di partenza.

Ai morti causati direttamente dal Covid-19 – e sono già oltre cinque milioni e mezzo[23] –, andrebbero aggiunti anche i morti indiretti causati dagli effetti di una crisi economica spaventosa. Secondo alcune fonti, l'impatto della disuguaglianza nell'accesso ai vaccini contro il Covid-19 costerà all'economia globale 2,3 trilioni di dollari solo nel periodo 2022-2025.[24]

I nostri governi possono alzare la voce contro le compagnie farmaceutiche? Possono. Lo sviluppo del vaccino contro il Covid-19 è stato finanziato con una pesante iniezione di fondi pubblici – 100 miliardi di dollari – e grazie a una mobilitazione internazionale di intelligenze e tecnologia, prova che nel mondo globale possiamo raggiungere traguardi fenomenali quando c'è una condivisione reale di obiettivi e risorse. Allora perché i nostri governi non fanno valere i loro investimenti per reclamare il vaccino come bene pubblico e non di mercato?

Fra l'altro, possono chiedere una sospensione almeno temporanea delle regole che tutelano la proprietà intellettuale o la concessione di licenze ad altre aziende. È un caso previsto anche dall'Organizzazione mondiale del commercio nei TRIPS (Trade Related Aspects of Intellectual Property Rights), gli accordi che regolano la tutela dei diritti della proprietà intellettuale, proprio in situazioni di emergenza.

In Africa oltre dodici milioni di persone erano morte in dieci anni per l'Aids prima che venisse autorizzata la produzione di trattamenti antiretrovirali generici. La lotta del Sudafrica di Mandela e una grande mobilitazione internazionale hanno costretto i giganti del settore farmaceutico a rinunciare ai brevetti. Spendere 100 euro l'anno contro i 10.000 previsti in regime di monopolio ha cambiato la vita di centinaia di migliaia di persone: erano destinate a morire e sono sopravvissute. Perché di questo si tratta quando si parla del diritto alla cura, non di altro.

È già successo, i nostri governi potrebbero ancora alzare la voce, ma non lo stanno facendo. Evidentemente, il diritto alla salute di molti conta meno del profitto di alcuni.

31.
Privilegi per pochi

"Tutti gli esseri umani nascono liberi ed eguali in dignità e diritti"[25]: il primo articolo della Dichiarazione universale dei diritti umani, firmata il 10 dicembre 1948, stabilì un principio straordinario.

Dopo che metà dell'umanità aveva conosciuto le leggi razziali e i campi di sterminio, la guerra e la fame, finalmente la comunità internazionale scriveva le premesse perché quella catastrofe non accadesse mai più.

Già il Preambolo affermava un legame indissolubile tra diritti umani e pace: "Il riconoscimento degli eguali diritti degli esseri umani... costituisce il fondamento della libertà della giustizia e della pace nel mondo".

Per gli Stati aderenti non si trattava solo di firmare un documento, ma di impegnarsi a garantire i diritti *inalienabili* e a costruirli e tutelarli *uguali* per tutti. Una sfida al mondo conosciuto, che richiedeva di modificare profondamente le coscienze e la società, per mettere al centro dell'azione politica i bisogni fondamentali. Riconoscere i diritti di tutti non è solo questione di etica, ma di politica, cioè delle regole alla base del nostro vivere insieme. Una politica che non si basi su quel riconoscimento per tutti, una società violenta e discriminatoria nei confronti di qualcuno, non può contribuire alla pace e alla sicurezza internazionali.

La costruzione e la pratica dei diritti umani sono il migliore antidoto, la migliore prevenzione della guerra. Perché dove non ci sono diritti umani per tutti, quando si considerano milioni di esseri umani spendibili per mantenere ed espandere la ricchezza di pochi, c'è già di fatto una guerra in corso, una guerra di aggressione e di rapina, imposta, quando serve, anche con la violenza delle armi.

Avevo più o meno vent'anni quando rimasi affascinato nell'ascoltare una conferenza di Raoul Follereau.

Era un giovane giornalista quando in Africa si imbatté per la prima volta in un gruppo di lebbrosi che vivevano nascosti nella foresta. Erano stati allontanati dal loro villaggio per paura e per ribrezzo, e stavano morendo di fame. Il pensiero di questi disperati non lo abbandonò neanche al suo ritorno in Francia. "Ho visto un mondo inimmaginabile di orrori, di dolore, di disperazione," disse ricordando la sofferenza di altri lebbrosi rinchiusi in recinti o in manicomi. Mentre infuriava la Seconda guerra mondiale, iniziò a girare l'Europa facendo conferenze e cercando donazioni finché non ne raccolse abbastanza per aprire un piccolo centro in Costa d'Avorio, dove finalmente i malati avevano la possibilità di uscire dall'emarginazione.

Follereau parlava di miseria estrema, di condizioni disumane, di sofferenze e morti evitabili, con la convinzione che la malattia non sarebbe stata vinta fino a quando milioni di persone sarebbero state colpite dalla povertà, dallo sfruttamento, dalla guerra, che lui chiamava "le altre lebbre". Quelle erano le cause che

149

in fondo decidevano chi si ammalava e chi no, chi sarebbe sopravvissuto e chi invece sarebbe morto.

Scrisse ai capi di Stato, denunciò l'ingiustizia e l'ipocrisia in decine di scritti e altre migliaia di conferenze. Alla fine degli anni settanta lanciò una campagna rivolta all'Onu, a cui aderirono quattro milioni di giovani in più di centoventi Paesi, per chiedere i soldi spesi per un bombardiere o quelli bruciati in un solo giorno di guerra. Non trovò ascolto e i malati rimasero ancora lì a reclamare giustizia, ad aspettare un segno di solidarietà.

Alla fine della conferenza, andai da lui con il pretesto di una domanda qualunque, solo per continuare ad ascoltare le sue idee. Non capivo perché non fosse riuscito a farsi seguire dai governanti di allora: la sua testimonianza era potente e le sue proposte mi sembravano così ragionevoli. Ovvie, pensavo con l'entusiasmo di un giovane studente.

Se oggi nel mondo ci sono oltre quaranta conflitti attivi,[26] ventisei ultramiliardari possiedono più risorse della metà più povera del pianeta[27] e undici persone rischiano di morire di fame ogni minuto, è evidente che qualcosa non ha funzionato.

A oltre settant'anni dalla Dichiarazione universale dei diritti umani, nessun governo, nessuno Stato del pianeta ha costruito realmente quei diritti che si era impegnato a realizzare: cibo, cure mediche, istruzione, un posto sicuro dove stare. Neppure questo è stato fatto, indebolendo le fondamenta della nostra vita insieme, sostituendo alla libertà il sopruso, alla giustizia la più spietata e violenta aggressione, alla pace la guerra.

Oggi quel documento suona provocatorio, offensivo. In un mondo in cui miliardi di esseri umani nascono schiavi e diseguali, non ci sono diritti per tutti, ma privilegi per pochi.

E la guerra è il simbolo di questo mondo di umani senza diritti, a cominciare da quello a restare vivi. È uno strumento violento per mantenere in schiavitù – poco importa in questo caso di che nazionalità siano gli schiavi – molti cittadini del mondo, e insieme una fonte di nuove privazioni, perché la guerra uccide non solo il presente, ma anche il futuro, divorando risorse che basterebbero per vincere, ad esempio, la fame e la povertà.

Secondo il Sipri, l'Istituto svedese di ricerca sulla pace, nel 2020 la spesa militare globale ha continuato a salire sfiorando i 2000 miliardi di dollari.[28] Il bilancio dell'Organizzazione mondiale della sanità è poco più di 2 miliardi di dollari, lo 0,10 per cento di quanto si spende per le armi.

Mentre il Pil mondiale calava a causa della pandemia di Covid-19, la quota della spesa militare è aumentata in molti Paesi.

L'umanità intera ha problemi gravissimi da risolvere – la povertà, la guerra e il cambiamento climatico i più importanti – e per affrontarli servono risorse, tante, che già esistono.

Ogni F-35 costa 135 milioni di euro, quanto allestire mille posti letto in terapia intensiva: basta scegliere, non è difficile.

"Un ragionamento semplicistico," dirà qualcuno. Gli impegni internazionali, gli equilibri geopolitici, la deterrenza... persino i posti di lavoro vengono evocati da decenni per dire che no, non è possibile togliere soldi alla guerra.

E invece un modo diverso di vivere su questo pianeta è possibile. È possibile vivere in una società che rispetta alcuni principi, indiscutibili e non negoziabili: i diritti umani.

Non è una questione di risorse che mancano, ma di scelte che non si fanno.

È arrivato il momento di decidere che priorità ci diamo come società: la vita delle persone o la guerra? Salute, istruzione gratuita, un lavoro dignitoso e protezione o fame e sofferenza per molti?

Non è troppo tardi per andare in una direzione più giusta. Non lo faranno i nostri governanti, non lo faranno i politici, spetta a noi in quanto persone e non in quanto cittadini di questo o quel Paese, in quanto persone che si riconoscono semplicemente come membri della stessa specie, invertire la rotta per evitare la sofferenza di centinaia di milioni di esseri umani.

Non è troppo tardi per far sentire la nostra voce di cittadini del mondo.

Note

[1] Discorso del presidente Usa John Biden, 14 aprile 2021, https://www.whitehouse.gov/briefing-room/speeches-remarks/2021/04/14/remarks-by-president-biden-on-the-way-forward-in-afghanistan/

[2] Dichiarazione di Barack Obama, 14 aprile 2021.

[3] https://watson.brown.edu/costsofwar/

[4] https://unama.unmissions.org/sites/default/files/unama_poc_midyear_report_2021_26_july.pdf

[5] https://www.humanitarianresponse.info/en/operations/afghanistan/idps

[6] https://www.sigar.mil/pdf/quarterlyreports/2021-01-30qr-section2-funding.pdf

[7] https://milex.org/wp-content/uploads/2021/04/Scheda-costi-Afghanistan-Mil%E2%82%ACx-aprile-2021.pdf

[8] https://theintercept.com/2021/08/16/afghanistan-war-defense-stocks/ aggiunto in fase di revisione del testo.

[9] Peace Research Institute of Oslo, *Trends in Armed Conflict*, 1946-2020, https://prio.org/publications/12756.

[10] T.D. Biddle (1999), *Bombing by the Square Yard: Sir Arthur Harris at War, 1942-1945*, in "The International History Review", Taylor & Francis, Ltd.

[11] H. Zinn, G. Strada (2006), *La guerra giusta*, Charta.

[12] Uppsala Conflict Data Program, https://ucdp.uu.se/

[13] https://www.difesa.it/SMD_/CASD/IM/ISSMI/Corsi/Corso_Consigliere_Giuridico/Documents/20558_patto_briand_kellog.pdf

[14] https://rightlivelihood.org/speech/acceptance-speech-tony-debrum-the-people-of-the-marshall-islands/

[15] https://thebulletin.org/doomsday-clock/current-time/

[16] http://www.emro.who.int/afg/programmes/health-system-

strengthening.html#:~:text=Afghanistan's%20health%20system%20
has%20been,population%20within%20two%20hours%20distance

[17] https://unama.unmissions.org/sites/default/files/unama_poc_
midyear_report_2021_26_july.pdf

[18] *Cardiovascular Diseases in the African Region: Current Situation
and Perspectives*, World Health Organization, 2005.

[19] https://www.Emergency.it/cosa-facciamo/medicina-e-diritti-
umani/

[20] https://www.Emergency.it/cosa-facciamo/sanita-di-eccellenza-in-
africa/

[21] Rapporto annuale Istat 2017.

[22] M. Singer (2009), *Introduction to Syndemics: A Critical Systems
Approach to Public and Community Health*, Wiley.

[23] Dato aggiornato in fase di revisione del testo.

[24] https://github.com/TheEconomist/covid-19-the-economist-
global-excess-deaths-model, dati aggiunti in fase di revisione del testo.

[25] https://www.ohchr.org/EN/UDHR/Documents/UDHR_
Translations/itn.pdf

[26] Peace Research Institute of Oslo, *Trends in Armed Conflict*, 1946-
2020.

[27] *Rapporto Oxfam 2019*, dedicato a *Public good or private wealth?*,
https://www.oxfam.org/en/research/public-good-or-private-wealth

[28] https://www.sipri.org/publications/2021/sipri-fact-sheets/
trends-world-military-expenditure-2020

154

Postfazione
di Simonetta Gola

Gino era un chirurgo e da chirurgo affrontava le cose della vita. Dovunque vedesse un problema, metteva le mani. Apriva, tagliava, cuciva. Non era tipo da stare fermo ad aspettare l'evoluzione degli eventi. Veniva forse dall'enorme quantità di ore che aveva passato sul tavolo operatorio quel suo sguardo netto, preciso sulle cose. Che discutessimo dei figli o di politica, individuava subito il nocciolo della questione, si concentrava su quello e derubricava tutto il resto nella categoria del secondario. "A questo pensiamo dopo."

"Cerca i fondamentali," mi diceva quando parlavamo di questioni anche oggettivamente complicate. Non era superficialità la sua, era la capacità di arrivare all'"essenziale".

E l'essenziale, per lui medico, era il corpo. La differenza tra un corpo integro e uno ferito era l'evidenza tangibile delle ingiustizie del mondo contro cui sentiva di dover fare qualcosa.

L'ha raccontato nelle prime pagine di questo libro. Aveva iniziato a lavorare come chirurgo di guerra un po' per caso: era una sfida professionale, non una vocazione umanitaria. Lo appassionava la chirurgia, ma in Afghanistan si era ritrovato a misurarsi con ferite spaventose, mai viste prima. Abituato a una chirurgia pulita come quella del cuore, davanti a quella carneficina all'inizio aveva provato un senso di repulsione. L'aveva superata a modo suo, facendo o studiando per fare meglio.

È con le mani sul corpo dei feriti che Gino ha iniziato a farsi delle domande su quello che vedeva. La principale: che cosa c'entrano i civili con la guerra?

Al pronto soccorso incontrava vecchi contadini, donne ferite mentre tornavano dal *bazaar*, bambini che stavano giocando in strada prima di essere colpiti da un proiettile o da una scheggia.

L'esperienza quotidiana di quello strazio lo aveva reso insofferente ai giochi di parole che propagandavano la guerra come giusta, addirittura umanitaria. La guerra uccide esseri umani e se uccide esseri umani allora è illogico, e stupido, pensare di fare la guerra per portare-difendere-restaurare diritti.

Oltre a essere brutale e contraddittoria, la scelta della guerra è anche inutile, come nel caso dell'Afghanistan che Gino aveva voluto prendere come esempio in questo libro. Quella storia gli sembrava la trama di un giallo scontato, uguale a tanti altri: il crimine, il sospettato, la menzogna, la scoperta della verità, la vendetta. Ma qual è oggi la verità dell'Afghanistan? Duecentoquarantunomila morti, cinque milioni di profughi, il ritorno vittorioso dei talebani al potere, attentati quotidiani, la comparsa di gruppi fondamentalisti violenti, la fame.

Si sapeva già dall'inizio come sarebbe andata a finire. "La guerra non è mai la soluzione, ma sempre il problema."

Da medico in un mondo massacrato dalla violenza e dalla povertà, Gino si era reso conto di quanto fosse difficile anche solo partorire in sicurezza o essere operati di appendicite, nonostante essere curati sia un diritto umano fondamentale.

Anche in Italia vedeva una tendenza preoccupante, la trasformazione progressiva della salute da diritto a bene di mercato. Riteneva inaccettabile che tanti accumulassero fortune sulle spalle del Sistema sanitario nazionale, ma per Gino non era questo il vero problema. Sapeva che continuare a foraggiare il privato con risorse sottratte al pubblico avrebbe reso quest'ultimo fragile e obsoleto nel giro di pochi anni, finché non avrebbe più avuto la forza e l'autonomia per assolvere al suo mandato, curare tutti bene e indistintamente.

E quando la salute diventa una merce come altre, allora ci sono cure per ricchi e cure per poveri, e nessuna cura per chi non ha niente.

La guerra e l'assenza – o il declino – di un diritto fondamentale erano per Gino manifestazioni diverse dello stesso problema: l'accettazione della disuguaglianza come regola del nostro tempo. Rifiutava l'idea di un mondo diviso tra sommersi e salvati e trovava ripugnante che esseri umani potessero essere considerati sacrificabili a qualche altare, ideologico o economico che fosse.

C'erano pazienti che l'avevano colpito, di cui si ricordava un viso, una ferita. Di qualcuno ricordava anche il nome e non era poco, dopo più di trent'anni vissuti senza tregua, ma non erano i destini individuali a muovere Gino in quello che faceva.

Dietro a ogni ragazzino ferito, dietro a un uomo che chiedeva aiuto, Gino riusciva sempre a intravedere una moltitudine. Vedeva quel ferito e allo stesso tempo la situazione di tanti come lui. Curava le vittime e intanto rivendicava diritti. Una persona alla volta.

In questo senso, il suo era uno sguardo sempre profondamente politico.

Gino sentiva il bisogno continuo di disegnare orizzonti nuovi verso cui andare.

Che si trattasse di costruire un centro di maternità in Afghanistan, dove le donne non avevano diritti sul loro corpo, o di pensare all'abolizione della guerra, non si tirava mai indietro. Non lo scoraggiava essere definito un utopista perché era convinto che nessuna destinazione sia irraggiungibile per chi inizia a mettersi in cammino.

Il punto di partenza era sempre lo stesso: la difesa della dignità dell'individuo contro la sopraffazione del potere. Era questa la sua forma di resistenza.

Una nota personale. Nei giorni della sua morte sono arrivati tantissimi messaggi, lettere, ritratti, fotografie, ricordi di ogni tipo che conservo con gratitudine. Mi ha commosso profondamente vedere quanta gente gli volesse bene.

Qualcuno lo dipingeva come un uomo immolato alla causa, un martire, ma non c'è niente di più lontano da Gino dell'idea del sacrificio. Non aveva nessun moralismo. Faceva quello che riteneva giusto, gli piaceva farlo, ci si dedicava anima e corpo e allo stesso tempo sapeva godere delle cose belle che la vita offre. Era appassionato, divertente, con una grande ironia, la voglia di inventare mille cose fino all'ultimo respiro.

Trovava sempre il tempo per incontrare gli amici più cari, preparare chilometri di tagliolini, vedere una qualsiasi partita del campionato inglese, guardare il mare. Aveva un modo straordinario di abitare il mondo, qualunque cosa facesse. Era una persona libera, e forse per questo manca così tanto.

***

Carlo Feltrinelli non si dava per vinto e periodicamente veniva a casa nostra con un pretesto qualunque. Poi, con nonchalance, se ne usciva sempre con la stessa domanda: "E allora il libro, l'avete finito?".

Tu un po' nicchiavi, un po' passavi la palla nel mio campo: "Dillo a lei, che ha sempre qualcosa d'altro da fare" e così fino alla volta successiva.

Era ormai diventato un rito. Qualche anno fa avevi scritto un libro, che avevi deciso di non pubblicare per alcuni dubbi. Il più gettonato: "Solo un fesso può pensare di parlare dell'abolizione della guerra dopo Albert Einstein". Poi avevi iniziato questo, che andava avanti a singhiozzo: avevi voglia di scrivere, ma anche una specie di pudore verso quella che avrebbe potuto sembrare un'autobiografia.

L'ultima volta Carlo era venuto a casa a maggio, o giù di lì. La scena era andata avanti come da copione, senonché quella volta non eravamo solo Carlo e io a insistere perché anche Emi ed Ennio davano manforte. Quando se ne sono andati tutti, hai tagliato corto: "Ho capito: finiamo 'sto libro altrimenti andrete avanti a rompere i coglioni per tutta l'estate". Avevi quel tuo mezzo sorriso, di quando mi lanciavi una sfida e aspettavi di vedere la reazione.

E così, dopo qualche domenica passata al computer, siamo partiti per le vacanze con tutto l'armamentario per chiudere quello che tra noi chiamavamo "l'incompiuto". A volte, per essere più espliciti, "il maledetto".

Eravamo tornati in Normandia, in un albergo che ci piaceva molto. Una vecchia casa di campagna con un prato che finiva sulla spiaggia e un tavolone di legno inaridito dalla salsedine proprio di fronte alle maree.

"Sarà bello scrivere qui," avevi detto al nostro arrivo. Su quel tavolo ho scritto io, da sola, rovesciando su un quaderno ogni parola, ogni gesto dei giorni che avevano preceduto la tua morte per paura di dimenticarne anche uno solo negli anni che verranno. Quando ho finito, ho ripreso in mano "l'incompiuto": non riuscivo a trovare un altro modo per sopportare l'attesa delle tue ceneri che pensare di continuare i progetti a cui tenevi.

Mi avevi detto che insieme avremmo affrontato qualsiasi cosa e in qualche modo è stato vero. Quando è arrivata la tempesta, riprendere il filo delle tue parole mi ha aiutato a tenere la testa fuori dall'acqua.

"Haja o que houver, eu estou aqui."

Ci era piaciuto scrivere certe pagine. Quanto avevamo riso su altre, fra storie che potevano andare in un libro e quelle che "no dai, meglio di no". Altre proprio non giravano e stavano nella cartella che avevi chiamato "Boh" in attesa di essere riabilitate o di finire nel cestino.

Riprendere in mano le pagine del libro senza di te non è stato semplice.

Non erano tanto i ricordi legati a ogni frase – le mille conversazioni da *La ginestra* alla chirurgia dell'addome, passando naturalmente per l'Afghanistan, e che finivano sempre allo stesso modo: "Ma non è l'ora del Campari?". Era la paura di mettere la parola "Fine" a un progetto che ci aveva fatto compagnia per un po' e, forse, di deludere le tue aspettative per quello che sapevi sarebbe stato il tuo ultimo libro.

Dicevi che avremmo dovuto fare in fretta. C'erano dei progetti personali che non volevi rimandare ancora, ma anche la consapevolezza di non avere tanti anni davanti. Avevi ragione.

Da allora ho dedicato il mio tempo libero a rivedere le parti che non ti convincevano, completare alcuni pezzi o aggiornarne altri. Mi sono chiesta spesso se andare avanti, poi ho pensato che ora più che mai serve dare una casa ad alcuni dei tuoi pensieri perché non vadano smarriti.

Da qualche parte forse ho anche sbagliato. Vorrei che oggi fossi qui a farmelo notare.

Scrivo queste ultime parole a Venezia, che amavi moltissimo.

Era la bellezza a ogni sguardo, le tavolate piene di allegria con gli amici carissimi, ma Venezia per te era anche un simbolo. Dopo tante guerre, il leone di San Marco aveva aperto il libro e deposto la spada. Alla fine era quello che desideravi per tutti.

E dunque il pensiero è sempre con te, che con le tue parole continui ad aprire la strada a una visione potente: "L'utopia è solo qualcosa che ancora non c'è".

***

Non so se sia consuetudine che la curatrice faccia dei ringraziamenti, per di più non direttamente legati al libro, ma voglio dire grazie a tante persone per esserci in questo momento.

A mio figlio Pietro, che conosce la generosità, a Monica e Lucio, Cecilia e Mariangela, Emi ed Ennio, Carlo, Paola, Daniela, Ele, Alessandra, Valter, Mimmo, Michele, Umberto, Mara, Anna, Adriana, Paolo, Chicca, Stefania e Romeo, Marcello, Laila, Margarita, Nico, Robi, Fiorella, Massimo, Fabio.

A Rossella, Alessandro, Pietro, Roberta, Franca, Paola, al Consiglio direttivo, ai colleghi e agli instancabili volontari di Emergency con i quali stiamo affrontando un momento che non avevamo mai creduto possibile. All'Ufficio comunicazione di Emergency: sono capaci e mi sono vicini e io sono grata e orgogliosa di entrambe le cose. E poi a Carlo Feltrinelli e Alessia Dimitri che hanno portato avanti il rito "E allora il libro...?" anche con me.

Questo libro sostiene Emergency.

Appendice

Manifesto per una medicina basata sui diritti umani

A seguito del seminario internazionale *Costruire medicina in Africa. Principi e Strategie* ospitato presso l'isola di San Servolo, Venezia, Italia, dal 14 al 15 maggio 2008, e in accordo con lo spirito e i principi della Dichiarazione universale dei diritti umani nella quale si afferma che

"Tutti gli esseri umani nascono liberi ed eguali in dignità e diritti" (art. 1)
"Ogni individuo ha il diritto... alle cure mediche" (art. 25)
"Il riconoscimento della dignità inerente a tutti i membri della famiglia umana e dei loro diritti, uguali ed inalienabili, costituisce il fondamento della libertà, della giustizia e della pace nel mondo" (Preambolo)

DICHIARIAMO

il "diritto ad essere curato" come un diritto fondamentale e inalienabile appartenente a ciascun membro della famiglia umana.

167

CHIEDIAMO QUINDI

la creazione di sistemi sanitari e progetti dedicati esclusivamente a preservare, allungare e migliorare la vita dei pazienti e basati sui seguenti principi:

Eguaglianza
Ogni essere umano ha diritto a essere curato a prescindere dalla condizione economica e sociale, dal sesso, dall'etnia, dalla lingua, dalla religione e dalle opinioni. Le migliori cure rese possibili dal progresso e dalla scienza medica devono essere fornite equamente e senza discriminazioni a tutti i pazienti.

Qualità
Sistemi sanitari di alta qualità devono essere basati sui bisogni di tutti ed essere adeguati ai progressi della scienza medica. Non possono essere orientati, strutturati o determinati dai gruppi di potere né dalle aziende coinvolte nell'industria della salute.

Responsabilità sociale
I governi devono considerare come prioritari la salute e il benessere dei propri cittadini, e destinare a questo fine le risorse umane ed economiche necessarie.
I servizi forniti dai Sistemi sanitari nazionali e i progetti umanitari in campo sanitario devono essere gratuiti e accessibili a tutti.
In qualità di Autorità sanitarie e Organizzazioni umanitarie

RICONOSCIAMO

sistemi sanitari e progetti basati sui principi EQS (Eguaglianza, Qualità, Responsabilità sociale) che rispettino i diritti umani, permettano lo sviluppo della scienza medica e siano efficaci nel promuovere la salute rafforzando e generando risorse umane, scientifiche e materiali.

CI IMPEGNIAMO

a realizzare e sviluppare politiche, sistemi sanitari e progetti basati sui principi EQS; a cooperare tra di noi per identificare bisogni comuni nel settore sanitario e programmare progetti congiunti.

FACCIAMO APPELLO

alle altre Autorità sanitarie e alle organizzazioni umanitarie perché firmino questo Manifesto e si uniscano a noi nel promuovere una medicina basata sui principi EQS; ai donatori e alla comunità internazionale perché sostengano, finanzino e partecipino alla progettazione e alla realizzazione di programmi basati sui principi EQS.

Indice

IL DIRITTO ALLA SALUTE

APPENDICE